ICV
Intelligent Connected Vehicle

智能网联汽车
核心技术丛书

智能网联汽车

决策与控制技术

李兰友　杨爱喜　吕琳　著

U0314382

化学工业出版社

·北京·

内容简介

《智能网联汽车决策与控制技术》是"智能网联汽车核心技术丛书"中的一册，本书内容依托"杭州职业技术学院文库"，概述了智能网联汽车中至关重要的决策与控制技术。书中首先介绍了自动驾驶的基础知识，并强调了决策与控制技术在实现智能化、自动化驾驶中的核心地位。随后，深入探讨了决策规划、路径规划、执行控制等关键技术，包括各种典型算法原理与实现、决策模型及控制方法的选择与应用等。此外，本书还关注了电子电气架构技术、智能座舱技术及信息安全防御技术，以实现更高效、安全的交通环境。

本书适合智能网联汽车决策与控制方向的技术人员阅读参考，也可供智能网联汽车行业的政策制定者、企业管理者、科研工作者以及汽车第三方检测机构人员阅读，同时也可以作为国内高等院校汽车相关专业的参考教材。

图书在版编目（CIP）数据

智能网联汽车决策与控制技术 / 李兰友，杨爱喜，吕琳著. --北京：化学工业出版社，2024. 6. --（智能网联汽车核心技术丛书）. -- ISBN 978-7-122-45898 -8

Ⅰ. U463.67

中国国家版本馆CIP数据核字第20249AA457号

责任编辑：雷桐辉　　　　　　　文字编辑：郑云海
责任校对：宋　玮　　　　　　　装帧设计：王晓宇

出版发行：化学工业出版社
　　　　　（北京市东城区青年湖南街13号　邮政编码100011）
印　　装：河北延风印务有限公司
787mm×1092mm　1/16　印张13½　字数237千字
2024年9月北京第1版第1次印刷

购书咨询：010-64518888　　　　售后服务：010-64518899
网　　址：http://www.cip.com.cn
凡购买本书，如有缺损质量问题，本社销售中心负责调换。

定　　价：89.00元

前言
PREFACE

作为国民经济的支柱性产业，汽车产业的智能化、网联化、绿色化发展是大势所趋。而人工智能、物联网、大数据等技术的不断进步为这一趋势的实现提供了可能，新兴技术与汽车领域的深入融合，使得汽车从单纯的交通工具升级为一种智能化移动空间。可以说，智能网联汽车不仅可以极大提升用户的体验，更能够催生新模式、孕育新业态、带来新机遇。

近几年，各国均十分重视智能网联汽车产业的发展，力图通过研发新技术、更新相关法规、出台支持性政策等方式为智能网联汽车产业的发展提供助力。对我国而言，发展智能网联汽车无疑是我国从汽车大国迈向汽车强国的必由之路。智能网联汽车产业不仅是我国的战略性新兴产业，也是我国现代化产业体系的新引擎。除能够带动经济发展、提升人民生活质量、提高用户出行体验外，智能网联汽车产业的发展还有助于实现"双碳"目标，推动"双碳"目标的实现。因此，为加快我国智能网联汽车产业的变革与发展，国家各部门陆续出台了一系列相关政策，鼓励支持智能网联汽车产业的创新。比如，在相关规范的制定以及落地应用的推进等方面，均指出了明确的发展方向。总的来看，我国智能网联汽车产业的技术研发和测试验证已经逐步进入示范应用、规模推广、商业探索的阶段。

智能网联汽车借助物联网、人工智能、移动互联网等技术，能够实现车与车、车与路、车与人的智能互联。与传统汽车相比，首先，智能网联汽车具备极强的信息采集、整理、分析能力。依赖于车载传感器等设备，智能网联汽车能够实时收集与车辆运行相关的状态信息以及周围环境信息，并将这些信息上传到云端进行处理，从而准确把握车辆行驶状况，并作出智能化的行驶决策。其次，智能网联汽车具备高效的通信能力，基于车载通信模块以及关联的通信设施，智能网联汽车能够与路端、云端等进行信息传输，从而便于车辆运行后台以及相关的交通管理部门等更为准确全面地把握实时交通状况，提高道路通行效率。再次，智能网联汽车具备强大的数据处理能力。智能网联汽车的数据处理引擎能够对实时采集到的运行数据等进行处理和分析，进而提升车辆的安全性、舒适性等。最后，智能网联汽车具备可靠的协同决策能力。作为一个智能化移动空间，智能网联汽车不仅可以基于协同决策系统保障车辆的高效行驶，也可以与其他车辆、行人等进行智能协同。可以说，智能网联汽车的决策与控制更加智能。自主决策与运动控制相当于智能网联汽车的大脑，其决策水平的高低也体现了汽车智能化程度的高低。

决策与控制技术是智能网联汽车领域的关键共性技术之一，它能够将路径规划和环境感知结果转化为车辆的具体控制指令。在自动驾驶系统中，决策与控制算法需要满足高精度、高可靠性和高效率的要求。《智能网联汽车决策与控制技术》一书对自动驾驶车辆行为决策、运动规划和控制执行等技术与方法进行了全面讲解和深度解析，以满足智能网联汽车产业发展的需求。

本书研究内容依托于教育部高等学校科学研究发展中心中国高校产学研创新基金课题（课题编号：2022IT221）；2022年度浙江省教育厅高校国内访问工程师校企合作项目（课题编号：FG2022072）；杭州职业技术学院高层次人才科研启动项目（编号：HZYGCC202109，HZYGCC202230）；浙江省首批职业院校技能大师工作室"杨爱喜技能大师工作室"（立项号：浙教办函（2023）119号），分别从自动驾驶概论、决策规划技术、路径控制技术、执行控制技术、电子电气架构、智能座舱技术、信息安全防御技术7个维度出发，针对自动驾驶车辆的轨迹规划、控制方法、算法原理、决策模型等技术方案进行了细致分析，并包含大量的结构图、框图和表格，试图让读者全面掌握智能网联汽车决策与控制技术的应用与实践。

本书对从事智能网联汽车设计研发、产品测试、质量论证等相关专业人员具有较高的参考价值，可供智能网联汽车行业的政策制定者、企业管理者、科研工作者以及汽车第三方检测机构人员阅读参考，也可作为国内高校相关专业的本科生、研究生参考教材。此外，由于本书是"智能网联汽车核心技术丛书"中的一册，因此推荐读者结合丛书中的其他书籍对照阅读，以便对智能网联汽车产业的发展有更加全面系统的了解和更为深入准确的把握。

著者

目录
CONTENTS

第 **1** 章

自动驾驶概论

1.1　自动驾驶的概念、功能与模式

1.1.1　自动驾驶的基本概念

自动驾驶汽车指的是搭载了传感器、执行器与控制器等设备，集成应用了现代通信技术与网络技术，可以实现车与车、车与路、车与人、车与后台的信息交换与共享，可以帮助驾驶人员或者自动驾驶系统应对复杂且瞬息万变的交通环境，及时、准确地感知周围环境信息、道路信息、交通信息，准确预测可能遇到的危险与意外，并快速做出智能决策，保证车辆安全、高效行驶的新一代汽车。

在技术层面，自动驾驶系统中融合了计算机、信息通信、网络和控制等多种先进技术，能够充分确保车辆控制的实时性和连续性。具体来说，信息通信等技术在汽车领域的应用能够支持车辆实现高效的车地双向数据通信，为追踪车辆和控制中心及时获取前行车辆的准确位置信息提供方便，进而提高车辆运行管理的灵活性和车辆控制的有效性，充分满足车辆在自动驾驶方面的各项需求。

在功能层面，自动驾驶系统能够最大限度提高驾驶员工作的自动化集成化程度，实现对车辆的统一自动控制。具体来说，自动驾驶系统可以支持智能网联汽车实现自动行驶、自动停车、自动清洗、自动开关车门、自动恢复故障、自动出入停车场以及自动唤醒启动和休眠等诸多功能，同时还可以为车辆提供常规运行、降级运行和运行中断等多种运行模式，助力车辆实现全自动运行，进而提高系统能耗和速度匹配的合理性，达到减少能源浪费的目的。

总而言之，自动驾驶系统在汽车领域的应用有效推动了智能城市交通系统建设，提高了城市交通的安全性、便捷性和舒适性，促进了各个交通要素之间的互相交流。

（1）自动驾驶的发展历程

20 世纪 20 年代，美国陆军工程师霍迪纳研究出一辆名为"美国奇迹"的无线电遥控汽车，这是世界范围内第一辆有据可循的"无人驾驶"汽车。1984 年，美国国防部高级研究计划局（Defense Advanced Research Projects Agency，DARPA）发起自主陆地车辆（autonomous land vehicle，ALV）计划，并在 2004 年和 2005 年开展无人驾驶汽车挑战赛活动，鼓励相关科研人员和从业者积极参与，进一步推动自动驾驶行业快速发展。

在自动驾驶发展初期，各高校实验室是推动相关研究的主力军；2009 年，谷歌

X 实验室也加入自动驾驶研发的队伍当中，创立了 Google 自动驾驶汽车项目，进一步加快了自动驾驶商用化的进程；2013 年，百度成立自动驾驶研发团队，并于次年发布自动驾驶汽车 Apollo 项目，福特、宝马、日产、沃尔沃等传统车企和特斯拉、"蔚、小、理"等新兴车企也陆续在自动驾驶汽车领域布局；2015 ～ 2017 年，Momenta、图森未来、智行者、小马智行、AutoX、文远知行等自动驾驶企业陆续涌现出来，与之相关的整车厂、Tier1 厂商和互联网企业也开始进入自动驾驶领域当中，为自动驾驶技术的发展和应用提供强有力的支持；2009 ～ 2019 年，自动驾驶领域的各个企业开始在世界各地申请路测牌照并积累测试里程，大力推动 L3/L4 技术商业化，并不断提高自动驾驶技术积累的速度。

自 2020 年起，特斯拉 Model3、小鹏 P7 等多款具备 L2/L2+ 功能的车型陆续经过设计、研发等多个环节实现量产上市，同时，许多智能网联汽车也实现了各种可应用于特定场景的高阶自动驾驶功能。不仅如此，Waymo、Cruise、百度、小马智行等汽车企业也积极推进 Robotaxi 商业化试点工作，开始在收取一定费用的前提下进行规模化运营。由此可见，自动驾驶已经开始进入商业化应用阶段，自动驾驶领域的各家企业也都在利用自身优势升级各项相关算法，探索快速推动自动驾驶实现商业化应用的有效方法。

（2）自动驾驶的六个等级

2022 年 3 月 1 日，国家推荐标准 GB/T 40429—2021 正式实施，该标准规定了汽车驾驶自动化功能的分级。基于驾驶自动化系统能够执行动态驾驶任务的程度，根据在执行动态驾驶任务中的角色分配以及有无设计运行范围限制，国标将驾驶自动化分为六个等级，具体如表 1-1 所示。

表1-1　我国自动驾驶分级标准

等级	对应驾驶任务的程度
0 级 （应急辅助）	系统不能持续执行动态驾驶任务中的车辆横向或纵向运动控制，但具备持续执行动态驾驶任务中的部分目标和事件探测与响应的能力
1 级 （部分驾驶辅助）	系统在其设计运行条件下持续地执行动态驾驶任务中的车辆横向或纵向运动控制，且具备与所执行的车辆横向或纵向运动控制相适应的部分目标和事件探测与响应的能力
2 级 （组合驾驶辅助）	系统在其设计运行条件下持续地执行动态驾驶任务中的车辆横向和纵向运动控制，且具备与所执行的车辆横向和纵向运动控制相适应的部分目标和事件探测与响应的能力

等级	对应驾驶任务的程度
3级 （有条件自动驾驶）	系统在其设计运行条件下持续地执行全部动态驾驶任务
4级 （高度自动驾驶）	系统在其设计运行条件下持续地执行全部动态驾驶任务，并自动执行最小风险策略
5级 （完全自动驾驶）	系统在任何可行驶条件下持续地执行全部动态驾驶任务，并自动执行最小风险策略

1.1.2　自动驾驶的系统功能

自动驾驶系统具有车地双向信息传输、运营组织的综合与应急处理等功能，能够利用车辆运行自动控制系统中的车地信息传输通道为车地之间的信息交互提供支持。具体来说，智能网联汽车中的自动控制系统可以利用各项相关车载设备获取来自地面控制中心的行车控制命令，并据此控制车辆行驶，同时实时监测车辆的实际行驶速度，在车速超过地面允许速度时，利用车载设备实施制动操作，将车速降低到地面允许速度以下，进而达到提高车辆行车安全的目的。

自动驾驶系统既能够支持车辆实现自动启动、自动运行、车站定点停车、自动出入停车位和全自动驾驶自动折返等诸多功能，也能够监测乘客状况、车厢状态和设备状态，自动诊断各个系统中存在的故障问题，并将设备状况和系统故障信息传输到车辆控制中心，以便及时进行分类处理，避免出现因系统故障造成的各类问题。

一般来说，自动驾驶系统所具备的各项功能大致可分为行车功能和泊车功能两大类。

（1）行车功能

下面对自动驾驶汽车当前主流的行车功能，及其对应的智能化等级、功能实现效果等内容进行简单梳理，如表1-2所示。

表1-2　自动驾驶汽车的行车功能汇总

序号	功能简写	功能全称	效果
1	ACC	自适应巡航	纵向自动控制，实现加减速
2	LCC	车道居中控制	横向自动控制，保持居中行驶
3	ALC	自动变道辅助	横纵向自动控制，实现自动变道

续表

序号	功能简写	功能全称	效果
4	TJA	交通拥堵辅助	横纵向自动控制，交通拥堵时辅助驾驶
5	NOA Highway	高速领航驾驶辅助	高速公路按导航自动驾驶，点到点行驶
6	NOA City	城区领航驾驶辅助	城区按导航自动驾驶，点到点行驶

① ACC。自适应巡航控制（adaptive cruise control，ACC）是智能驾驶中发展较为成熟的一项基本功能，能够利用汽车中装配的传感器设备获取道路环境信息和障碍物信息，并据此对车辆的油门和制动系统进行自动控制，由车辆自动在车道内完成加速、减速、起步、停车等操作，进而减轻驾驶员在车辆直线行驶时的驾驶压力。

② LCC。车道居中控制（lane centering control，LCC）是自动驾驶系统中的一项纯横向控制功能，既能够识别道路中的车道线，也能够自动控制汽车中的转向系统，从而让车辆在无驾驶员控制行车方向的情况下也可以自动在车道中间安全稳定行驶。

③ ALC。自动变道辅助（auto lane change，ALC）指的是利用转向拨杆来实现对汽车转向系统的控制，从而以"指令式变道"的方式控制车辆自动变道。由此可见，ALC能够支持智能网联汽车在一定程度上实现自动变道，减轻车辆驾驶员的驾驶压力。

④ TJA。交通拥堵辅助（traffic jam assistant，TJA）是一项融合了ACC和LCC功能的L2级功能，能够在智能网联汽车遇到堵车时自动控制车辆根据实际情况完成加速、减速、启动、停车和行驶方向微调等操作，确保车辆能够在车道中间安全稳定地跟车行驶，同时也可以支持车辆实现巡航行驶功能。

⑤ NOA。领航辅助驾驶（navigate on autopilot，NOA）可以在充分发挥导航地图作用的基础上支持车辆按照导航路径自动完成驾驶任务，整合ACC、LCC和ALC等多个低级别驾驶功能，从而实现L3级的智能驾驶功能，让车辆驾驶员无须再通过手或脚来对车辆进行控制。

一般来说，NOA可按照可用区域分为高速领航辅助驾驶和城区领航辅助驾驶两种类型。其中，高速领航辅助驾驶相关技术较为成熟，且大多已实现量产；城区领航辅助驾驶相关技术的发展速度相对较慢，但同时蔚来、理想、小鹏和特斯拉等新兴汽车企业也在积极研究具有城区领航辅助驾驶功能的智能网联汽车，城区领航辅助驾驶实现量产指日可待。

现阶段，ACC、LCC、TJA 等与变道无关的智能驾驶功能已经广泛应用在多种智能网联汽车当中。ALC 与变道相关，因此在硬件和算法方面的要求较高，能够对 ALC 进行量产的汽车企业较少。在当前已实现量产的各项智能驾驶行车功能中，NOA 是级别最高的一种，只有极少数智能网联汽车领域的领军企业和头部科技公司实现了对城区领航辅助驾驶的量产，未来，城区领航辅助驾驶将成为智能网联汽车领域研究的重点内容。

（2）泊车功能

自动驾驶汽车当前主流的泊车功能如表 1-3 所示。

表1-3　自动驾驶汽车当前主流的泊车功能

序号	功能简写	功能全称	效果
1	APA	自动泊车	自动泊入、泊出选定的车位
2	RPA	遥控泊车	通过遥控装置，控制车辆自动泊车
3	SS	智能召唤	通过遥控装置，让车辆自动到达指定位置
4	HPA	记忆泊车	自动寻找到固定的车位，并自动泊入
5	AVP	自主代客泊车	自动寻找到可用的任意车位，并自动泊入；通过遥控装置，控制车辆到达指定位置；驾驶员可以离开车辆

① APA。自动泊车辅助（auto parking assist，APA）可支持车辆在识别到周边可用车位的情况下以纵向运动的方式自动泊入或泊出驾驶员选定的车位，由此可见，驾驶员需要始终在汽车中做好接管车辆的准备。现阶段，APA 的成熟度越来越高，逐渐成为多个品牌的智能网联汽车中的标准化配置。

② RPA。遥控泊车辅助（remote parking assist，RPA）可以支持驾驶员使用手机 APP 等工具远程控制车辆自动泊入或泊出车位。

③ SS。智能召唤（smart summon，SS）是特斯拉最先提出的一项智能泊车功能，能够支持车辆驾驶员在车外使用手机 APP 控制车辆自动行驶到指定位置，进而达到泊入或泊出车位的目的。

④ HPA。记忆泊车功能（home-zone parking assist，HPA）可以借助自学习功能记录车辆在家庭或公司停车场等特定区域的特定车位和从入口处行驶到车位时的行驶路线，并据此控制车辆自动从停车场入口行驶到车位处完成泊车，但同时由于该功能只能在特定区域中发挥作用，且要求驾驶员在车内做好接管车辆的准备，因此可被判定为 L3 级智能驾驶功能。就目前来看，小鹏已经能够对 HPA 进行量产。

⑤ AVP。自主代客泊车（automated valet parking，AVP）是一项 L4 级的全

自动驾驶功能，可以支持车辆在未经过学习的情况下自动进入从未进过的停车场中进行泊车，且整个泊车过程对驾驶员所处的位置都没有要求。AVP 的智能驾驶级别较高，在软件、硬件和算法安全性等方面均具有较高要求，因此当前并未实现量产。

1.1.3　自动驾驶的五大域控制器

域控制器是智能网联汽车实现自动驾驶过程中的重要工具，能够融合原本孤立的电子控制单元（electronic control unit，ECU），利用一个或多个大脑对整个车辆中所有的 ECU 和传感器设备进行控制，并在处理器硬件平台中集成各个功能相近的 ECU，进而在提高汽车智能化程度的同时，减少在研发成本方面的支出，达到推动自动驾驶技术快速落地应用的目的。一般来说，域控制器可以按照电气架构划分为动力域、车身域、底盘域、座舱域和自动驾驶域五个组成部分，如图 1-1 所示。

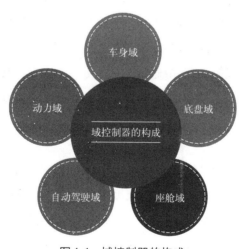

图 1-1　域控制器的构成

（1）动力域

动力域控制器是车辆中的动力总成管理单元，具有智能化的特点，能够利用 CAN/FLEXRAY 来进行电池监控、引擎管理、变速器管理和交流发电机调节，并为电池、内燃机、变速器、电动机、发电机等动力系统中的各项设备提供数据计算和转矩分配服务，充分发挥预判驾驶策略的作用，助力车辆达到通信网关和 CO_2 减排等效果，同时在优化、完善和操控动力总成的过程中实现总线通信、智能节电和电气智能故障诊断等诸多功能。

（2）底盘域

底盘域主要包含传动系统、行驶系统、转向系统和制动系统，能够在汽车行驶过程中发挥重要作用，具体如表1-4所示。

表1-4 底盘域的构成与作用

构成	作用
传动系统	具有向驱动轮传递发动机动力的作用，通常包含机械式传动系统、液力式传动系统等多种类型。其中，机械式传动系统包含离合器、变速器、驱动桥和万向传动装置等设备，液力式传动系统包含驱动桥、自动变速器、液力变矩器和万向传动装置等设备，除此之外，电力式传动系统也是智能网联汽车中可能会用到的一种传动系统
行驶系统	能够将车架、悬架、车轮、车桥等零部件连接成一个整体，并为整个车辆提供支撑
转向系统	能够确保汽车完全按照驾驶员的意愿行驶
制动系统	能够以强制制动的方式让车辆在力的作用下减速停车、驻车制动

近年来，汽车的智能化程度越来越高，智能网联汽车可以借助感知识别系统、决策规划系统和控制执行系统来实现各项功能，并对汽车底盘进行线控改造，以便充分发挥包含驱动控制、转向控制和制动控制等诸多内容的控制执行端的作用，实现自动驾驶。具体来说，智能网联汽车的线控底盘主要由线控转向系统、线控制动系统、线控换挡系统、线控油门系统和线控悬挂系统构成，其中，用于执行自动驾驶任务的主要是线控转向系统和线控制动系统，且自动驾驶过程中所应用的制动技术具有较高的应用难度。

（3）座舱域

一般来说，座舱域中包含多个单独模块或分散的子系统，难以支撑汽车实现多屏联动和多屏驾驶等具有一定复杂度的电子座舱功能，而具有域集中式特点的座舱域控制器能够解决这一问题。具体来说，座舱域控制器主要由域控制器、全液晶仪表、抬头显示系统、大屏中控系统流媒体后视镜和车载信息娱乐系统等部件构成，其中域控制器（domain controller unit，DCU）是最为关键的一项部件。

座舱域控制器能够利用以太网/控制器局域网总线（controller area network，CAN）/面向媒体的系统传输（media oriented systems transport，MOST）来集成导航、仪表盘、抬头显示等多个部件，并综合应用传统座舱电子部件、高级驾驶辅助系统（advanced driving assistance system，ADAS）、车联网（vehicle to everything，V2X）系统，进而实现对智能驾驶、车载互联和信息娱乐等功能的完善和升级。

（4）自动驾驶域

自动驾驶域控制器可以支撑车辆实现定位、决策控制、路径规划和多传感器融合等功能。智能网联汽车中通常会装配摄像头、激光雷达和毫米波雷达等传感器设备，能够实现图像识别、数据处理等功能，同时自动驾驶域控制器在智能网联汽车中的应用也能够让车辆在不使用控制板和外设工控机等硬件的情况下为其实现自动驾驶提供计算能力方面的支持，利用核心运算能力较强的处理器来完成各项数据处理任务，进而在充分满足自动驾驶需求的同时降低设备的复杂度，强化系统的集成度。

从算法上来看，具备自动驾驶功能的智能网联汽车可以利用摄像头、惯性导航、激光雷达、毫米波雷达、全球定位系统（global positioning system，GPS）等车载传感器设备对周边环境进行感知，并对采集到的各项数据信息进行处理，以便基于这些经过处理的信息构建相应的工作模型，制定自动驾驶策略，并按照自动驾驶策略中规划好的路径自动行驶。域控制器可以以传感器数据为输入进行感知、决策和控制，并将输出传输到汽车的执行机构当中，进而实现对车辆的横向控制和纵向控制。

（5）车身域

近年来，汽车行业飞速发展，车身控制器的数量和种类不断增多，导致车辆的整车重量和在控制器方面的成本支出不断上升，汽车行业亟须加快对后制动灯、后位置灯、尾门锁、双撑杆等功能器件的整合速度，将位于车头、车身和车尾的各项功能器件集成到一个总控制器当中。

就目前来看，车身域控制器已经逐渐能够集成纹波防夹、无钥匙系统（passive entry passive start，PEPS）、传统车身控制模块（body control module，BCM）等功能和各个车灯、车门、车窗、基础驱动和钥匙功能等部件的大控制器，并逐渐从传统架构转变为混合架构，再在此基础上进一步发展为整车计算平台（vehicle computer platform，VCP）。

1.1.4　自动驾驶"新四化"发展模式

随着我国汽车工业的不断进步，我国的新能源电动汽车发展水平已经超过许多国家，同时各类汽车的自动驾驶水平也在日渐提高，我国汽车工业表现出了强大的发展动力。就目前来看，我国汽车行业已经达成"新四化"共识，力图快速推动我国汽车向电动化、网联化、智能化和共享化的方向发展，如图1-2所示。

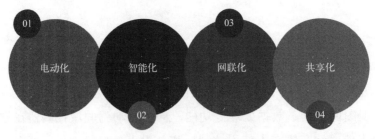

图1-2　自动驾驶"新四化"发展模式

（1）电动化

汽车电动化指的是汽车逐步开始使用动力电池来供能。新能源电动汽车能够在燃料资源不足、污染物排放过多的情况下将新能源作为行车动力，具有结构复杂度低、噪声小、无污染等诸多优势，为汽车行业的发展提供了方向。

现阶段，已有许多经过测试的自动驾驶汽车将新能源电动汽车作为载体，利用发电机和电机来为自身执行各项驾驶任务供能。与燃油汽车相比，新能源电动汽车具有可用软件操控、无发动机爆震问题等优势，但同时也存在续航里程不足的问题。

温度是影响新能源电动汽车的动力电池容量和续航里程的关键因素。一般来说，在温度较低的冬季，新能源电动汽车的续航里程会在一定程度上降低，当车辆内部开启空调时，其续航里程还会再次降低，而且新能源电动汽车在实现自动驾驶过程中还需使用各类能耗较高的传感器设备，因此，汽车行业还需进一步加大对动力电池技术和可控电动机控制方法的研究力度，挖掘能够有效支撑车辆实现自动驾驶的载体。

（2）智能化

汽车智能化主要指汽车借助高级辅助驾驶实现运行智能化。就目前来看，许多汽车企业都为自身生产的车辆装配了辅助驾驶系统，但这些汽车通常只能实现L2级、L3级的自动驾驶功能，无法实现更高级别的自动驾驶。智能化技术的发展和应用在一定程度上为汽车实现自动驾驶提供了技术层面的支持，汽车行业可以通过不断对车辆智能技术进行完善和升级的方式来提升车辆运行的智能化水平。由此可见，智能化是汽车实现自动驾驶过程中的必经环节。

（3）网联化

汽车网联化指的是智能网络化，能够在一定程度上为车辆智能高效地识别道路状况提供支持。具体来说，汽车在行驶过程中通常会遇到多种道路环境，驾驶员需要始终注意道路的变化情况，并根据实际道路环境及时对车辆的行驶状态进行调整，自动驾驶汽车需要具备在不依赖驾驶员的情况下也能应对环境变化的能力，因此需要充分发挥V2X等技术的作用，预先采集、传输和处理各项道路信息，并提前根据这些道路信息做出相应的反应，确保行车的安全性和高效性，同时汽车网联化也有助于优化交通管理和提高驾驶效率。

（4）共享化

汽车共享化是自动驾驶时代的重要内容。在实现共享化的情况下，自动驾驶汽车可以依次完成多个用户交付的任务，同时也能够降低汽车产量，将资源利用率提升至最高水平，从而达到节省停车场开发需求的效果。

总而言之，汽车"新四化"能够促进自动驾驶汽车快速发展。从流程上来看，首先，汽车行业需要大力推动电力的发展，找出适用于自动驾驶汽车的载体；其次，汽车行业应提高汽车的智能化程度，在技术层面为自动驾驶汽车的发展提供支持；再次，汽车行业需要积极进行网络开发，为自动驾驶汽车的发展提供强有力的安全保障；最后，汽车行业还需挖掘汽车实现自动驾驶共享的方法，推动自动驾驶汽车向共享化发展。

1.2 自动驾驶系统架构与关键技术

自动驾驶技术是当今汽车行业的重要发展方向之一。为了实现车辆的智能驾驶，自动驾驶系统采用了一种复杂的技术架构。概括而言，自动驾驶的整体架构通常由环境感知系统、决策规划系统和执行控制系统三部分组成，如图1-3所示。

图 1-3 自动驾驶的系统架构

1.2.1 环境感知系统及关键技术

环境感知是自动驾驶技术中非常重要的模块，它们通过使用多种传感器、定位技术以及车联网技术来获取车辆周围环境的信息，为决策和规划提供准确的数据支持。

自动驾驶感知系统能够利用摄像头、激光雷达、超声波雷达、毫米波雷达、速度传感器、加速度传感器等多种传感器设备采集和处理车辆信息以及环境信息，进而实现车辆检测、行人检测、道路边界检测等多种功能，确保自动驾驶车辆的安全性和可靠性。

由于车辆面临的路况较为复杂，自动驾驶场景也具有多样化的特点，使用单一传感器难以满足自动驾驶车辆在各个场景中的驾驶要求，而多传感器融合技术能够有效解决这一问题，因此多传感器融合技术在自动驾驶领域的应用是确保车辆在各种不同的驾驶场景中实现安全稳定运行的关键，同时，该技术也是感知层的重要组成部分。

（1）车载传感器技术

车载传感器主要包括车载摄像头、激光雷达、毫米波雷达、超声波雷达四大类，如图1-4所示。不同的传感器起着不同的作用，确保智能网联汽车全方位获取环境信息，为汽车采集和应用周边的物体、道路及交通参与者的各项相关信息提供支持。

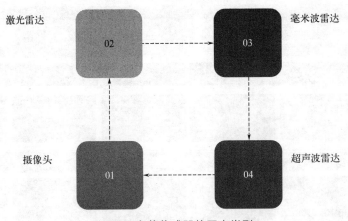

图1-4 车载传感器的四大类型

① 摄像头。摄像头能够利用图像处理和计算机视觉算法来识别、采集和跟踪车辆、行人、障碍物、道路标志等图像信息，以便智能网联汽车精准掌握周边环境

中的各个障碍物的位置、尺寸和速度等信息。

② 激光雷达。激光雷达可以利用激光束对周边环境进行扫描，并根据激光束返回的时间和强度来计算出目标物体的位置和形状，进而帮助智能网联汽车实现地图构建、目标跟踪和障碍物检测等功能。

③ 毫米波雷达。毫米波雷达可以利用微波信号来对环境中的各类障碍物进行探测，并根据信号返回的时间和频率变化计算出目标物体的具体位置、运动速度和运动方向等相关数据信息，同时毫米波雷达还具有探测距离远和天气条件适应能力强等优势，能够在车辆进行环境感知时发挥重要作用。

④ 超声波雷达。超声波雷达可以利用超声波来检测环境中的各类障碍物的位置以及自身与障碍物之间的距离。超声波雷达大多装配在智能网联汽车的停车辅助系统中，用于近距离障碍物检测。

（2）定位技术

定位技术在智能网联汽车中的应用主要涉及全球定位系统（global positioning system，GPS）等卫星定位系统和其他辅助定位技术，能够帮助智能网联汽车明确自身在地理空间中的位置和姿态。具体来说，智能网联汽车定位技术主要包括卫星定位系统、辅助定位技术、差分定位技术、惯性测量单元等，如图 1-5 所示。

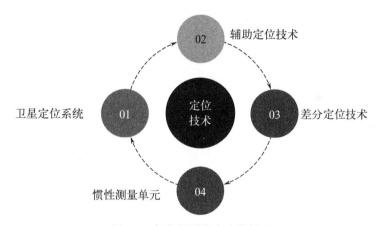

图 1-5　智能网联汽车定位技术

① 卫星定位系统。智能网联汽车通常使用 GPS 来接收来自各个卫星的信号，并根据这些信号所传达的信息来计算出自身的位置坐标。具体来说，GPS 具有定位精度高的优势，但信号传输容易受到建筑、树木等障碍物的遮挡。

② 辅助定位技术。智能网联汽车通常会借助差分定位、惯性测量单元（inertial measurement unit，IMU）等辅助定位技术来提高自身的定位精度，充分确保定位

结果的可靠性。

③ 差分定位技术。差分定位可以通过对站点具体位置和接收机测量数据的分析和比对来减小甚至消除 GPS 信号的误差，进而达到提高定位的精准度的效果。

④ 惯性测量单元。IMU 中具有陀螺仪和加速度计，能够采集角速度和线性加速度等数据，并利用这些数据估算出车辆的位置和姿态，为智能网联汽车掌握自身的位置和姿态等信息提供支持。但同时 IMU 也存在累积误差问题，需要通过与其他定位技术协同作用的方式来确保测量和估算结果的准确性。

（3）车联网技术

车联网技术指的是借助车对外界的信息交换（vehicle to everything，V2X）实现对车辆周边的物体、道路以及其他交通参与者的全方位感知。具体来说，车联网技术主要包括车辆与车辆（vehicle to vehicle，V2V）通信、车辆与道路基础设施（vehicle to infrastructure，V2I）通信、车辆与行人（vehicle to pedestrians，V2P）通信、车辆与云端（vehicle to cloud，V2C）通信以及车辆与家（vehicle to home，V2H）通信等多种信息通信技术。

1.2.2 决策规划系统及关键技术

自动驾驶系统的决策层是由芯片、计算平台和软件构成的决策规划系统，能够利用感知层采集的环境信息和车辆信息判断当前车辆面临的环境状况，并模拟大脑决策向执行层发出指令。

具体来说，决策层能够利用模糊推理、强化学习、神经网络和贝叶斯网络技术等决策理论对自动驾驶车辆的行驶状态以及道路、行人和其他车辆的状态进行精准预测，并在自动驾驶车辆上路行驶时利用车距保持、车道保持、车道偏离预警和障碍物警告等功能来及时调整车辆运行状态，处理各种突发问题，充分确保车辆在自动驾驶过程中的安全性和稳定性。

由于车辆行驶中会面临各种不同的路况和场景，常常需要使用不同的驾驶策略来应对各种驾驶情况，因此若要充分确保自动驾驶车辆平稳运行，还需充分利用人工智能模型和有效数据来对驾驶决策算法进行优化升级，同时，驾驶决策算法的优化升级也是驾驶决策发展过程中的难点和关键。

一般来说，自动驾驶系统中的决策规划系统具有环境预测、行为决策、动作规划、路径规划等多种功能，如图 1-6 所示。

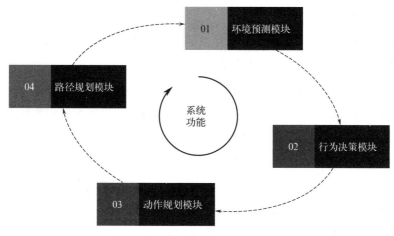

图1-6　自动驾驶决策规划系统功能

（1）环境预测模块

环境预测模块是自动驾驶系统实现环境预测功能的关键，也是决策规划控制模块的重要组成部分。具体来说，环境预测模块可以对各项传感器设备所识别到的车辆和行人的位置、速度、方向等多种行为动作和状态进行精准预测，并向其他模块传输以此为依据生成的时间空间维度的轨迹。

环境预测模块不仅能根据物理规律预测车辆行驶环境中的各项物体在未来数秒内的状态，还能够充分利用物体本身相关信息、周边环境信息和历史数据信息对物体进行更具整体性的行为预测。以对道路上的行人和车辆的行为预测为例，环境预测模块可以根据行人和车辆的历史行进轨迹来对行人是否会从人行道上过马路以及车辆是否会在路口转向进行预测。

（2）行为决策模块

行为决策模块能够全方位整合自动驾驶车辆的实时位置、速度、方向等信息和位于车辆周围的各个障碍物的相关信息以及轨迹预测相关信息，并通过对这些自动驾驶车辆相关信息的全面分析和处理来生成行驶策略，规划车辆行驶路线。

由于行为决策模块需要使用的信息具有类型多样的特点，单一的数学模型难以满足行为决策模块在数据信息分析处理方面的要求，因此若要实现高效的数据信息分析处理，还需在设计规则引擎系统的过程中融入软件工程相关理念，提高行为决策模块对不同类型信息的分析处理能力。不仅如此，行为决策模块向后续模块输出有效的决策指令也离不开环境预测模块提供的信息。目前，马尔可夫决策过程（Markov decision process，MDP）的数学模型逐渐被广泛应用于自动驾驶系统的行为决策系统当中，为自动驾驶车辆的平稳运行提供有效支撑。

（3）动作规划模块

动作规划模块是自动驾驶汽车规划模块的重要组成部分，能够对自动驾驶车辆的超车、转向、避障等短期动作和瞬时动作进行规划。

具体来说，自动驾驶系统中具有各种不同的行驶状态，当车辆满足一定条件时就可以根据实际情况自动切换行驶状态，但行驶状态的切换会导致车辆行驶过程中出现平顺性不足的问题。若要提高车辆行驶的平顺性，就必须在自动驾驶系统的设计环节将道路中的车辆、行人等真实目标和限速、红灯、停车点、天气状况、道路曲率等非真实目标描述成虚拟质点，并在此基础上统一算法模型，防止车辆在行驶过程中因切换控制模式而出现加减速度跳变等问题。

（4）路径规划模块

路径规划模块也是自动驾驶规划模块的一部分，能够根据性能指标，在自动驾驶汽车的起点和终点之间规划出具有高度安全性的行驶路线，因此常用于规划时间跨度较长的车辆行驶路线。

具体来说，在路径规划过程中，一方面，要建立环境地图模型，并将存在障碍物的区域和可自由移动的区域都纳入环境地图模型当中；另一方面，要在环境地图模型中融入合适的路径搜索算法，以便实现对可行驶路径的高效实时搜索。车辆可以根据路径规划结果进行导航，并按照路径规划的最佳行驶路线抵达终点。

1.2.3　执行控制系统及关键技术

自动驾驶系统的执行层能够接收决策层发出的指令，并利用操控系统根据指令内容对车辆的灯光、转向幅度、制动程度和加速程度等驾驶动作进行调整和控制，进而驱动车辆实现自动驾驶。

执行控制系统是智能网联汽车自动驾驶系统的重要组成部分，能够执行决策规划模块的各项指令，控制车辆完成指令中的各项动作。执行控制系统的作用是对决策模块中的行驶指令进行处理，并在确保自动驾驶车辆行驶行为的精准性、安全性和可靠性的前提下，根据指令信息控制其完成加速、制动、转向等行为。

（1）控制指令转换

从作用原理上来看，执行控制系统可以将决策规划模块中的高级控制指令处理成低级控制信号，并借助经过处理的信号来控制汽车完成各项行驶行为。例如，执行控制系统可以将决策规划模块生成的期望加速度处理成加速踏板位置信号，并借助该信号来控制汽车完成加减速等行为。不仅如此，执行控制系统也可以将决策规划模块生成的期望转向角度处理成转向系统的角度指令，并在此基础上控制汽车转向。

（2）车辆动作控制

智能网联汽车中的执行控制系统可以通过控制汽车的加速度、制动力和转向角度等内容的方式来实现对预定的加速、制动和转向等驾驶行为的有效控制，进而达到控制车辆在规划路径和决策要求的范围内稳定行驶的目的。

智能网联汽车的执行控制系统可以与动力系统互相作用，并在此基础上实现对发动机功率输出、变速器换挡和离合器操作等内容的有效控制，进而提高智能网联汽车处于各种驾驶情况中进行换挡的平顺性，同时也进一步增强车辆的加速性能。

智能网联汽车的执行控制系统可以与制动系统互相作用，并在此基础上实现对制动器的施加力度和释放力度的有效控制，确保车辆能够按照实际要求完成减速或停车操作，同时进一步提高智能网联汽车在不同情况下的制动性能。

智能网联汽车的执行控制系统可以与转向系统相互作用，并在此基础上实现对转向器的转向角度和转向力度的有效控制，确保车辆能够按照实际要求完成转弯或转向操作，同时进一步提高智能网联汽车在沿着规划路径行驶过程中转向的精准度。

（3）实时控制与调整

执行控制系统需要具备实时监测和调整车辆状态及环境变化的能力。具体来说，执行控制系统应在充分掌握传感器数据、车辆动力学模型和决策规划模块指令的前提下，有针对性地对控制策略和参数进行调控，确保车辆能够在各种驾驶场景和驾驶条件下安全稳定行驶。

近年来，自动驾驶技术的进步和技术架构的升级为自动驾驶系统的发展提供了强有力的支持，未来，自动驾驶系统将会进一步优化和应用分布式架构、模块式架构等多种先进架构，提高自身的扩展性和灵活性。与此同时，人工智能和机器学习等新兴技术的应用也有效推动了自动驾驶系统的发展，增强了自动驾驶系统在决策规划和环境感知方面的能力。

1.2.4 自动驾驶技术的发展趋势

随着人工智能、智能网联等先进技术和智能计算平台在自动驾驶领域的应用越来越深入，自动驾驶技术也不断升级，目前的自动驾驶技术不仅能够实现单一的样机演示，还能在一定程度上实现在各个交通场景中的落地应用。

（1）人工智能

人工智能是一门在计算机科学的基础上衍生出的新的技术科学。从本质上来看，人工智能可以以类人的智慧化的思维方式做出反应。

自动驾驶是人工智能技术落地应用的重要领域之一，人工智能技术在自动驾驶领域的应用能够为自动驾驶汽车赋予一定的自主学习能力，并以记忆的形式积累大量交通环境信息。具体来说，在自动驾驶领域中，人工智能技术的应用主要表现在如图1-7所示的几个方面。

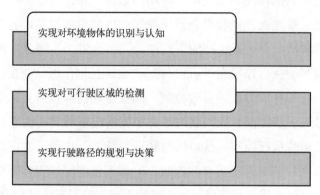

图1-7 人工智能技术的应用

① 实现对环境物体的识别与认知。自动驾驶汽车中配备了激光雷达、多目视觉和毫米波雷达等多种传感器设备，能够采集各类环境信息，结合识别算法后还能够对车辆周边环境中的多曲面物体进行精准识别。除此之外，深度学习技术在自动驾驶汽车中的应用也能够实现对车辆周边各类物体的尺寸信息、特征信息等多种相关信息的迭代分类，进而达到增强车辆的物体识别能力的目的。

② 实现对可行驶区域的检测。自动驾驶汽车可以利用传感器技术和地图采集技术来采集道路环境中的标志、标线、信号灯等详细标注信息和经度、纬度、高度等具体位置信息以及其他相关信息。自动驾驶汽车可以根据这些信息获取道路平面特征信息，掌握路面状况，并结合深度学习技术判断车辆是否可在此道路上行驶。

③ 实现行驶路径的规划与决策。除环境物体识别和可行驶区域检测外，人工智能技术在自动驾驶领域的应用还表现在行驶路径的规划和决策方面。近年来，深度学习技术和增强学习技术发展迅猛，就目前来看，这两项人工智能技术的应用已经实现了在线优化学习，能够在复杂场景中进行高效决策。由于自动驾驶汽车在规划行驶路径时需要耗费大量计算资源来处理许多复杂的干扰因素，难以高效完成数据计算工作，因此必须增强自动驾驶汽车的数据计算能力，进而提高决策效率，高

效完成路径规划工作。

（2）智能网联技术

随着信息通信技术的快速发展，车车交互、车路交互、车人交互以及车云交互的实时性大大提高，这不仅能够促进人工智能技术在自动驾驶领域的深入应用，还能够为化解群体智能驾驶系统中的协同驾驶相关难题提供助力，充分满足不同车型、不同驾驶场景对智能驾驶的要求。

车云协同自动驾驶系统主要由基于人工智能的自动驾驶智能终端和基于大数据分析的自动驾驶云端系统构成，能够实现精准感知、智慧决策和行车控制系统优化等多种智能化功能，从而在复杂多样的应用场景中精准感知行车环境，并提高通行决策和行车动作控制的智慧化水平，进一步增强自动驾驶车辆与云端的信息通信能力，提高二者之间的协同性。

以智能网联为基础的自动驾驶系统车云协同技术既能够以合适的频率向云端数据库传输 GPS/INS 数据、毫米波雷达数据等车身传感器节点采样数据以及摄像头图像等多媒体数据，也能够针对各项数据实现在线处理、离线处理、溯源处理、复杂数据分析等功能，进而提高前端设备的计算力，增强多源异构数据之间的融合度，并利用融合了人工智能算法的智能驾驶控制模型，为实现车辆协同控制提供强有力的支撑。

人工智能算法应用技术云平台融合了机器学习、数据挖掘等多种智能化技术，能够高效分析各个传感器采集到的感知信息，从而在信息层面为车辆控制决策提供支撑。作为自动驾驶云端系统的重要组成部分，人工智能算法应用技术云平台还可以充分发挥网络技术和虚拟化技术的作用，集成大量分布式计算资源，如数据资源、存储资源、计算资源、应用资源等，并利用这些资源在云端进行人工智能深度学习模型训练，同时通过车云协同的方式促进该人工智能模型与嵌入式平台的融合，从而在自动驾驶车辆的驾驶系统中进一步强化人工智能算法的相关应用。

现阶段，智能网联技术在自动驾驶领域主要应用于信息服务和顶层监控当中，但以智能网联的方式来驱动自动驾驶快速落地应用不仅要实现车云协同、充分利用资源，还要进一步加强信息安全保护，降低信息传输时延，扩大网络覆盖范围，为自动驾驶提供全方位的支持和保障。

（3）智能计算平台

随着自动驾驶汽车的属性由交通工具变为移动智能终端，其电子架构也发生了变化，对数据计算能力、数据存储能力和信息通信能力的要求也不断提高，因此自动驾驶汽车需要装配智能计算平台来增强自身的数据信息处理能力。

车载智能计算平台能够以环境感知定位、车辆运动控制和智能规划决策等控制算法为基础，录入环境感知数据、车辆实时数据、导航定位数据、云端智能计算平台数据等各项相关数据信息，再向车辆的各个控制系统下达驱动、转向、传动、制动等具体指令，进而为车辆实现自动驾驶提供支持。与此同时，车载智能计算平台还可以将各项相关数据信息传送至 V2X 设备和云端智能计算平台当中，并以人机交互的方式强化人与自动驾驶汽车之间的信息交互。

1.3 边缘计算在自动驾驶中的应用

1.3.1 自动驾驶对网络能力的需求

随着一系列智能技术在汽车产业的深入应用，人们对未来汽车的发展逐渐有了清晰的目标规划，自动驾驶汽车将成为未来交通出行的重要方式。在与自动驾驶相关联的技术中，人工智能、5G 通信、物联网、智能感知等技术为自动驾驶提供了关键的技术支撑。而自动驾驶基于其业务场景需求，在交通环境的感知、实时数据的处理与决策、通信的速率与时延等方面的都有严苛的技术要求，MEC 边缘云技术能够为自动驾驶提供重要的技术保障。

对于自动驾驶的发展，互联网企业与传统汽车制造商选择了不同的研发路径和思路。传统汽车制造商基于其技术积累、产品架构及成本方面的考虑，逐步对车辆性能或功能进行智能化改造，这是一个从低级阶段逐渐过渡到高级阶段的过程；而互联网企业占有更多的新兴技术资源，有条件直接从自动驾驶的高级阶段起步，进行自动驾驶核心系统和高配置零部件的研发，成本不纳入考虑范畴。两类企业的研发路径如表 1-5 所示。

表1-5 自动驾驶研发路径

	IT& 互联网企业	传统汽车制造商
代表	谷歌、百度	通用、丰田
路径	直接从 L4 等高阶段起步进行研发	从较低阶段逐渐发展到高级阶段
主要配置	激光雷达、毫米波雷达、摄像头、传感器、高精度定位和地图	毫米波雷达、摄像头、传感器、高精度定位和地图等

从自动驾驶投入研发至今，根据世界知名汽车制造商和互联网行业龙头企业的经验，专注于单车智能自动驾驶的研发往往伴随着高昂的成本，且收效有限，现阶段的单车智能还无法完美应对各种复杂的交通情况，其驾驶控制系统的智能学习和性能提升将是一个漫长的过程。近年来，有越来越多的从业者关注到人、车与环境的交互协同，提出通过车路协同实现自动驾驶的发展思路。单车智能与车路协同的特点如表 1-6 所示。

表1-6　单车智能和车路协同特点

	单车智能	车路协同
优势	不依赖其他外部设备，可靠、稳定； 企业能够完全掌控，标准统一，能快速形成产品	能够降低单车复杂度和成本； 能够解决复杂环境下，非视距场景下的安全和全局协同
不足	复杂路况、人车混行以及极端天气； 非视距情况下的感知与决策； 传感器众多且复杂，成本高； 主要是被动感知，缺乏主动交互	参与方众多，缺乏统一标准，商用程度慢； 自动驾驶系统需要基于众多因素综合判断、决策复杂

精准、及时的动态环境感知是自动驾驶的关键要素，为了有效采集车辆周围的环境数据，在车身前后左右侧等部位都会安装感知设备，如超声波传感器、图像传感器、激光雷达、毫米波雷达等，此外，还有车内摄像头和发动机等设备的监测器。据估算，这些设备每天产生的数据量会达到 TB 级别，要实现对大量数据的实时、有效传输，就对通信网络时延、带宽有着较高的要求。

各类传感器将所采集到的海量数据上传至控制系统，系统基于相关算法对数据进行分析判断，并做出合理决策，再将执行命令发送到设备端，从而改变车辆运行状态，这一过程的时限可能达到毫秒级甚至微秒级。同时，随着非自动驾驶车辆的智能化、自动化程度加深，如虚拟数字仪表盘的使用、高精度地图导航、语音交互、手势识别等功能的引入，都有着越来越高的算力需求。在车辆驾驶自动化、智能化的过程中，强大的算力是关键要素之一。

要确保高速移动中的自动驾驶车辆的安全性，就要赋予其对突发情况迅速作出反应的能力，这就要求将通信时延、系统计算时延无限缩短。理论上来说，自动驾驶中通信时延的可靠范围需要小于 20ms，可以通过 5G 网络、MEC 边缘云等技术来实现。

1.3.2　MEC 的概念、功能与分类

（1）MEC 的提出与初步发展

移动边缘计算（mobile edge computing，MEC）现在也称为多接入边缘计算（multi-access edge computing，MEC），欧洲电信标准协会 ETSI 于 2014 年正式提出 MEC 标准化草案，并成立工作组推进其应用落地。MEC 架构利用无线接入网络就近提供 IT 服务环境，将计算能力下沉到移动边缘节点，可以大大提高数据处理效率。

2017 年，MEC 工作组基于 4G 网络完成了第一阶段的架构部署，并发布了标准化应用程序接口（API），以支持 MEC 的在不同场景中的适应性。除此之外，还对 MEC 参考架构、应用生命周期管理与运维框架做出定义，进一步推动 MEC 设备的监管、安全及计费问题的解决。

2018 年，MEC 工作组完成了第二阶段的工作，主要完成了 MEC 与 NFV（网络功能虚拟化）融合的标准化参考模型，以支持引导 MEC 在 NFV 环境下的部署；除此之外，还包括 Wi-Fi、5G、固网等多种通信形式的接入、网络切片支撑、相关基础设施的合理部署等项目，从而更好地推动 MEC 商业化落地，满足多种场景下的固移融合需求。

欧洲电信标准协会于 2018 年 2 月发布了 ETSI MEC 017 规范。在更早的 2016 年发布的 GS MEC 003 版本的标准规范中，对移动边缘计算基于网络功能虚拟化应用的参考架构作出定义：

① 虚拟化基础架构（virtualization infrastructure）是一种能够实现多台服务器计算、存储等功能共享的物理资源，为应用层提供了平台基础，可以促进应用层灵活高效地运行。

② 移动边缘平台为边缘应用程序提供了环境基础，平台自动接收边缘应用程序的服务需求，其服务内容包括域名管控、数据分流与存储等。

③ 移动边缘应用是一种与虚拟化基础设施相配套的虚拟应用程序，主要通过标准应用程序接口与第三方应用进行对接，基于用户需求提供相关服务。

（2）MEC 的主要分类

根据 MEC 的特点和服务目标，其应用大致可以分为两类：

① 信息汇聚和分发类。MEC 中将信息处理和计算能力下沉到网络边缘，避免了信息向中心平台汇集带来的"信息拥堵"，加上对富余带宽的充分利用，能够有效降低传输时延，提高通信效率。在车端与路端间的信息交互、高精度地图传输及

感知数据共享等自动驾驶场景的应用中，可以大幅提高业务质量，从而提升驾驶安全等级。

② 信息处理与增强类。依托于 MEC 的存储及计算能力，可以对庞杂的原始信息进行处理分析，如筛除冗余信息，从而提高信息处理效率和信息的有效性。此类应用在对图像感知数据的处理、违章预警、交通资源的协同管理与调度等场景中发挥了重要作用。

1.3.3　基于 MEC 的自动驾驶应用

MEC 在自动驾驶领域的应用有巨大的发展潜力，下述将从 4 个典型场景进行说明。

（1）车载信息增强

发展自动驾驶的最大意义在于将人从驾驶活动中解放出来，让驾乘人员有更多的时间开展更有意义的活动，并为其提供良好的驾乘体验。基于 MEC 的车载信息增强有着广泛的应用场景。例如，通过将感应器采集到的环境信息还原为可读数据或可视化图像，乘客可以了解到视野外的环境信息。另外，智能交互系统可以对乘客感兴趣的场所或建筑物进行追踪，并通过 AR 设备进行细节显示，为乘客提供优质的视觉享受服务。

遇到交通拥堵时，可以通过车联网数据或视频影像方式了解到前方的拥堵原因，并及时跟进车流疏通情况。同时，基于 MEC 的算力、数据流量、数据传输效率等方面的支持，在车内可以进行超清直播观看、实时游戏互动等活动。

（2）软件升级服务

空中下载技术（OTA）能够为自动驾驶汽车和用户提供个性化的动态数据下载与传输服务。通过 OTA，可以实现车载应用程序、地图导航系统和相关娱乐化应用的自动下载与更新，从而提供更好的驾乘服务。

基于 MEC 的部署更加贴近用户侧这一特点，车上应用程序的更新及下载活动也可以通过边缘网络进行，不仅能够减轻核心网络的通信压力，还可以提高下载速度。同时，因为 MEC 通常有独立的组网环境，与外部互联网隔离，能够在一定程度上降低数据安全风险。

（3）动态高精度地图

传统地图仅作为一种辅助工具，为驾驶员提供位置定位、路线规划等信息，不需要显示过于详细的环境参数。自动驾驶汽车则不同，车辆的自动化程度越高，对高精度地图的依赖性就越强，其行驶路径规划、定位导航等功能实现必须以高精度地图为基础。高精度地图能够为自动驾驶汽车提供道路宽度及坡度、弯道曲率、车道线位置及类型、路口距离、路标指示牌等精确数据，辅助自动控制系统分析计算，使车辆以正确的方向和速度运行。此外，高精度地图还包含道路环境的点云模型信息，其数据量相比普通地图呈指数级增长。

可以将 MEC 部署在靠近路侧图像传感器、激光传感器等感知设备的区域，通过 MEC 及相关应用程序，实现区域内实时高精度地图的制作和环境数据整合。车辆在行驶过程中可以向邻近 MEC 发送位置信息和地图数据请求，MEC 根据请求向车辆推送相关地图数据。同时，如果车辆传感器采集到的环境信息与地图信息不匹配，则会将车载传感数据上传，MEC 根据上传数据判断是否采纳并更新地图信息。

（4）大范围协同调度

通过 MEC，可以实现大范围内的交通动态管理与协同调度。在城市商业中心或其他繁忙区域，往往存在拥堵、事故等复杂的交通情况，因此需要建立一种高效、科学的交通管理调度机制，以减少交通混乱。MEC 能够基于区域内人流量、车辆流向情况、道路拥堵时段及拥堵程度、易拥堵路口节点等交互数据进行算法优化，并与智能交通管理系统协同，合理部署调度功能，找到解决交通问题的最优方案，使交通网络高效运行。

车辆在高速移动的过程中，将会在不同基站、不同 MEC 区域间进行频繁的通信切换。因此，保持数据传输和用户对话的连续性是一个重要问题。相关研发机构已着手制定不同的解决方案，如运用轻量级虚拟化应用迁移、行驶路径预测及基站查找等手段。随着 5G 通信、边缘网络和相关基础设施部署逐渐完善，自动驾驶模块逐步优化升级，将推动通信移动性问题的解决。

1.3.4　自动驾驶中的 MEC 商业模式

自动驾驶技术的应用落地，将会带动商业、服务业等领域催生出新的经营服务模式，MEC 作为重要的支撑平台，将会汇集多样化的服务主体，以满足自动驾驶相关需求。其服务内容可以分为如图 1-8 所示的三个方面。

① MEC 基础服务。MEC 是一种开放式的平台资源，通常由电信运营商根据市场需求提供平台搭建等基础服务。随着通信行业开放程度提高和市场竞争加剧，可能会涌现出一批专注于 MEC 的通信服务商，更好地为需求方提供个性化、专业化的平台服务，弥补 MEC 通用架构的不足，促进 MEC 在具体场景中的适配性。

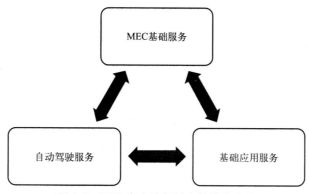

图 1-8 MEC 在自动驾驶中的服务内容

② 基础应用服务。在应用层面，自动驾驶领域的 MEC 可以基于其高带宽、低时延、高速率等特性，集成高精度地图数据下载、高精度定位与导航、AR 增强、感知数据和相关交互数据的解算、图像视频分析等应用能力，从而高效、准确地为自动驾驶控制系统提供安全性方面、数据和算力方面的支撑。

③ 自动驾驶服务。这一层面的服务内容关注于自动驾驶本身，又可以分为自动驾驶汽车生产制造与运营服务两大部分，自动驾驶汽车的生产涉及自动驾驶汽车制造商和销售商，运营服务则主要由互联网企业和相关电子企业承担。

在自动驾驶领域 MEC 不仅可以直接服务于终端用户，也可以作为一种工具或媒介，为相关参与主体所利用，从而为需求方提供多样化的应用服务。这一过程中逐渐形成了特定的商业模式，包括与之相适应的计费方式，具体分类如表 1-7 所示。

表1-7 MEC的商业模式和计费方式

模式	具体说明	计费方式
B2B	车企向自动驾驶服务提供商提供支持自动驾驶能力的车辆	功能、时长、并发次数；资源消耗量（算力、宽带、存储、流量）
B2B	自动驾驶服务提供商将自动驾驶能力提供给汽车制造商	功能、时长、并发次数；资源消耗量（算力、宽带、存储、流量）
B2B	应用提供商向汽车制造商或者自动驾驶服务商提供应用服务	功能、时长、并发次数；资源消耗量（算力、宽带、存储、流量）
B2B2C	自动驾驶服务提供商赋能汽车制造商，向用户提供自动驾驶服务	功能、时长、并发次数；资源消耗量（算力、宽带、存储、流量）
B2B2C	应用服务提供商赋能汽车制造商，向最终用户提供自动驾驶服务	功能、时长、并发次数；资源消耗量（算力、宽带、存储、流量）
B2C	自动驾驶服务提供商为用户或者企业提供自动驾驶服务	功能、时长、并发次数；资源消耗量（算力、宽带、存储、流量）
B2C	车企向最终用户提供支持自动驾驶的汽车	功能、时长、并发次数；资源消耗量（算力、宽带、存储、流量）
C2C	自动驾驶用户共享或者向其他用户提供相关信息服务	服务请求次数

近年来，随着 5G 通信和物联网技术的发展，MEC 作为一种分布式的计算方式，受到了越来越多的关注，基于其算力下沉的架构特点，能够有效降低数据运算和传输时延，为中心系统分担算力，大幅提高数据处理效率。这些优势能够在自动驾驶领域得到充分发挥，进一步提高自动驾驶的安全性和对各种复杂交通环境的适应性。ETSI、3GPP 等国际标准化组织正在致力于 MEC 与 5G 网络的融合应用，MEC 在未来有着巨大的发展潜力，不仅局限于工业生产和交通领域，还可以延伸到娱乐、游戏等应用场景中，与之相关的商业模式也会随着市场需求和技术创新得到发展。

第 2 章

决策规划技术

2.1 自动驾驶决策规划体系与方法

2.1.1 决策规划系统的结构体系

决策规划系统是自动驾驶汽车的重要组成部分，能够在集成和利用多传感信息的基础上针对实际驾驶需求完成任务决策，并在有效规避障碍物的前提下利用特定的约束条件为自动驾驶汽车提供多条安全的行驶路径并在这些路径中找出最佳行驶路径，以便自动驾驶汽车安全高效地行驶到目的地。从划分的面来看，决策规划主要包括两种类型，具体如表 2-1 所示。

表2-1　决策规划的两种类型

决策规划	具体内容
全局规划	利用地图信息规划行驶路径，并确保该路径是自动驾驶汽车在特定条件下行驶时的最佳路径，能够有效防止车辆出现碰撞等问题
局部规划	在全局规划的基础上综合运用各项局部环境信息，帮助自动驾驶汽车在行驶过程中规避未知障碍物，确保车辆能够安全稳定地行驶到目标点

决策规划层是自主驾驶系统的重要组成部分，具有智能化程度高的特点，能够充分确保汽车在行驶过程中的安全性和整体性能。现阶段，汽车领域常用的决策规划体系结构主要有三种，分别是分层递阶式体系结构、反应式体系结构和混合式体系结构。

（1）分层递阶式体系结构

分层递阶式体系结构是一种以串联的方式连接各个模块的系统结构，使用该结构的智能驾驶系统通常具有模块次序分明的特点，能够将上一模块的输出作为下一模块的输入，依次完成感知、规划和行动。在确定目标和约束条件的前提下，规划决策可以针对当前已有的全局环境模型和即时的局部环境模型对汽车下一步所需采取的措施进行规划，以便支持车辆依次执行各项规划内容，进而达到完成驾驶任务的目的。具体来说，分层递阶式体系结构如图 2-1 所示。

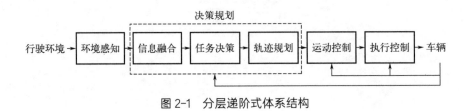

图 2-1　分层递阶式体系结构

分层递阶式体系结构可以通过从上到下分解任务的方式来逐层缩小各个模块的工作范围，同时，问题求解精度、规划推理能力和智能控制层次等也会随之升高。但分层递阶式体系结构也存在许多不足之处：

① 分层递阶式体系结构需要综合运用地图数据库中的先验信息和传感器模型的实施构造信息构建理想化程度较高的全局环境模型，对传感器的要求较高，不仅如此，计算瓶颈问题也是一项重要问题，自动驾驶汽车在感知环境信息和执行任务的过程中也存在实时性低和灵活性不足等问题。

② 分层递阶式体系结构的可靠性较低，当某一模块中的软件或硬件存在故障时，信息流和控制流的传递通道可能会受阻，进而导致系统出现瘫痪等问题。

（2）反应式体系结构

反应式体系结构是一种以并联的方式连接各个模块的系统结构，各个控制层能够根据传感器的输入完成决策工作，并在传感器数据的支持下进行感知和动作，在不同的环境中发挥重要作用。基于行为的反应式体系结构是当前应用范围较广的一种结构，具体来说，反应式体系结构如图 2-2 所示。

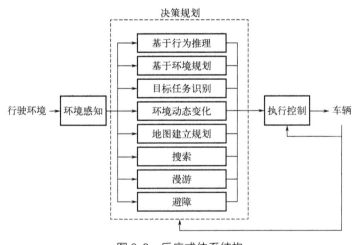

图 2-2　反应式体系结构

反应式体系结构具有多个控制回路并行的特点，能够根据局部目标进行基本行为规划，并在各项基本行为互相协同的前提下为驱动装置提供支持，确保各项动作均具有一定的目的性，能够产生不同层次的能力。一般来说，高层次能够影响低层次，但同时低层次也能够在高层次还未处理完工作时对系统进行独立控制。

在反应式体系结构中，各项行为可以共同构成一项复杂度较低的特殊任务，集成感知、规划和控制三项内容，进而达到减少占用空间以及提高响应速度和实时性的目的。与此同时，系统各层与系统中的行为之间一一对应，从低层次向高层次过渡的灵活性将大幅提高，且各个层次和模块受其他层次和模块中的问题的影响较小，系统鲁棒性较强。从设计上来看，反应式体系结构需注意以下几项问题：

① 反应式体系结构应利用特定的协调机制化解各个控制回路之间的控制冲突问题，以便充分确保动作的灵活性和结果的有效性；

② 反应式系统结构应提高自身的智能化程度，以便在任务复杂度和行为交互作用增加的情况下充分满足行为预测方面的各项要求。

（3）混合式体系结构

混合式体系结构集成了分层递阶式体系结构和反应式体系结构，能够在规划过程中充分发挥两种体系结构的优势，满足各类复杂多变的行驶环境的使用需求。一般来说，混合式体系结构既能够基于全局规划生成面向目标定义的分层递阶式行为，也能够基于局部规划生成面向目标搜索的反应式体系的行为分解。混合式体系结构如图 2-3 所示。

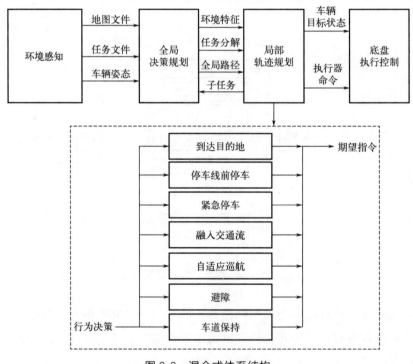

图 2-3　混合式体系结构

车辆驾驶决策技术是支撑汽车实现自主驾驶的关键技术，对自动驾驶汽车来说，良好的驾驶决策有助于保障车辆安全、节约能源、提高驾乘舒适度和外部交通流效率，不良的驾驶决策所带来的影响则完全相反。就目前来看，自动驾驶汽车领域的专家和学者在涉及环境信息和车辆状态等内容的汽车智能驾驶决策方面的研究已经取得了一定的成效，各项相关研究成果已经能够在部分具有一定复杂性和动态性的实际交通场景中发挥作用。

2.1.2 决策规划系统的关键环节

自动驾驶决策规划系统需要根据递阶系统的层次性特征进行开发和集成，具体来说，整个过程可划分为信息融合、任务决策、轨迹规划和异常处理四个组成部分，具体如表 2-2 所示。

表2-2 决策规划系统的主要内容

决策规划	具体内容
信息融合	负责关联和融合多传感器的数据，并为汽车构建周边环境模型
任务决策	进行全局路径规划，且该环节在智能性和实时性方面的要求较高
轨迹规划	为汽车规划处于不同局部环境当中的运动轨迹状态，同时，该环节在智能性和实时性方面也有着较高的要求
异常处理	完成故障预警和预留安全机制两项任务

（1）传感信息融合

传感信息融合指的是在同一个车辆坐标体系中集成多个传感器的输出信息，并关联和融合各项具有时间标记的数据。一般来说，自动驾驶决策规划系统可以通过传感系统融合的方式来提高场景数据信息的连贯性和适用性。

在环境感知过程中，智能驾驶汽车大多需要利用单目摄像头、立体摄像头、毫米波雷达、激光雷达、超声波传感器、红外传感器等多种传感器和全球定位系统（global positioning system，GPS）、北斗卫星导航系统（beidou navigation satellite system，BDS）等定位导航设备来采集车辆行驶环境数据，利用车联网通信设备获取各项相关信息，并对这些数据信息进行分析。

在复杂性较高的行驶环境中，智能汽车会受到各项不确定性的环境信息的影响，导致行驶安全难以得到充分保障，且装配的环境传感器较为单一的车辆所受到的影响较大，为了提高智能驾驶汽车决策的精准性和鲁棒性，车辆在环境检测时需要综合运用多种传感器，并融合各项相关数据，同时通过精准描述目标物体的各项特征的方式降低二义性。

　　数据融合技术在自动驾驶汽车决策规划系统中的应用主要涉及理解融合单元和设计融合架构两项内容。具体来说，融合单元是决策规划系统在进行数据处理时传输到决策层的部分，融合架构是决策规划系统的数据融合框架和模式。

　　一个数据融合架构中通常包含传感器管理框架和模型管理框架，其中，传感器管理框架为感知框架，能够获取外部信息；模型管理框架主要由数据匹配、数据关联和融合决策等部分构成，能够对各项相关数据进行处理。

　　数据融合技术主要涉及数据转换、数据关联、融合计算等相关技术，具体来说，数据转换和数据关联的应用主要体现在融合架构当中。数据融合与融合计算息息相关，通常需要借助熵理论、证据理论、统计决策理论、加权平均、模糊推理、神经网络、卡尔曼滤波、贝叶斯估计、产生式规则等方法来完成各项融合计算任务。

（2）任务决策

　　任务决策是汽车实现自动驾驶的智能核心，能够接收来自传感器的各项融合信息，并利用智能算法对各项外界场景信息进行学习，对汽车的行驶任务进行整体规划，进而为自动驾驶汽车拟人化控制融入整个交通流提供支持。

　　自动驾驶汽车任务规划结构中的任务可分为道路级、车道级、行驶级三个层级。其中，道路级与全局的任务规划相关，车道级与汽车周边交通环境轨迹规划相关，行驶级与汽车的运动控制相关，如图2-4所示。

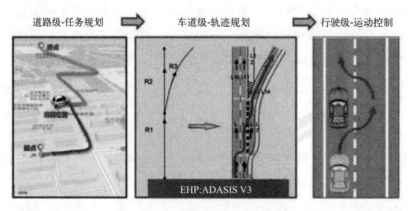

图 2-4　自动驾驶汽车任务规划结构

　　在信息传递过程中，规划任务的复杂度会随着交通流复杂度的变化而改变，当汽车行驶道路出现堵塞等问题时，自动驾驶汽车的决策规划系统将会根据实际情况对行驶任务进行重新规划和分解调整。

（3）轨迹规划

自动驾驶汽车的任务规划结构轨迹需要在满足运动学约束的前提下基于局部环境信息、上层决策任务、车身实时位姿信息等多项相关信息来进行规划，同时也要提高车辆的安全性、高效性和驾乘舒适度，并对速度、方向、状态、行驶轨迹等车辆运动轨迹相关内容进行合理规划。不仅如此，自动驾驶汽车的控制执行系统还需要获取规划输出的期望车速和可行驶轨迹等相关信息，轨迹规划层需要合理规划任务决策层中的任务分解。除此之外，自动驾驶决策规划体系还需根据规划结果的安全程度和舒适程度来评估运动规划层的性能。

（4）异常处理

异常处理是确保自动驾驶汽车安全的重要环节，既能在车辆行驶到路况复杂的道路时以预警和容错控制的方式来解决车辆机械部件松动、传感部件失效等问题带来的麻烦，提高车辆运行的安全性，也能在决策过程中通过构建错误修复机制的方式来解决算法参数设置欠佳、推理规则缺失等造成的各项错误，进而打破错误循环，提高任务执行效率，减少人工干预，提升车辆的智能化程度。

异常处理可以通过降低系统复杂性的方式来防止自动驾驶汽车在运行过程中出现不断重复错误的现象，推动汽车进入错误修复状态，并充分发挥自适应错误修复算法的作用，生成新的动作序列，助力自动驾驶汽车打破错误死循环进入程序正常运行状态。从实际操作方面来看，自动驾驶汽车需要先在已具备专家系统的基础上分析、定义和描述车辆交叉口通行中的错误状态的表现和成因，设置相应的动作失败判定标准，再开发相应的自适应错误修复算法，归纳分析错误状态的成因，科学合理地调整相关策略，最后生成新的动作序列。

2.1.3 全局路径规划方法

决策规划能够支撑自动驾驶汽车实现导航和控制功能。一般来说，自动驾驶决策规划可按照轨迹决策划分成全局路径规划和局部路径规划两部分，其中，全局路径规划需要利用全局数据库信息为自动驾驶汽车规划出一条连接起点和终点，且无碰撞、可通过的行驶路径。

全局路径规划为自动驾驶汽车提供的行驶路径中并不涉及路径的方向、宽度、曲率、路障和道路交叉情况等详细信息，且局部环境和汽车行驶状态均具有不确定性的特点，自动驾驶汽车在行驶过程中可能会出现各种难以预测的特殊情况，因此车辆还需根据局部环境信息和自身状态信息来进行局部路径规划，确保自身在各个行驶阶段的安全性。

具体来说，全局路径规划主要涉及基于状态空间的最优控制轨迹规划方法、基于参数化曲线的轨迹规划方法和基于系统特征的轨迹规划方法三种轨迹规划方法，如图 2-5 所示。

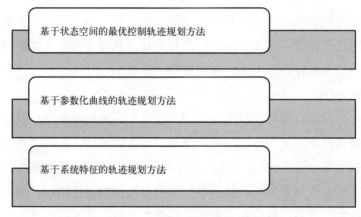

图 2-5　全局路径规划的方法

（1）基于状态空间的最优控制轨迹规划方法

基于状态空间的控制轨迹规划方法包含最优控制方法，能够利用最优控制理论找出可行的控制量，确保系统可以按照可行轨迹运行，并最大限度缩小评价函数。与此同时，在这一情况下，评价函数和系统的状态方程之间密切关联，评价函数将会在系统状态方程的约束条件满足的前提下置零，并计算出可行的轨迹。

最优控制的性能指标通常包含一到两项，当控制变量的取值无限制时，最优控制则会借助变分法来求解；当控制变量的取值存在限制条件时，最优控制则会借助极小值原理来求解。一般来说，受时间因素影响，自动驾驶汽车利用最优控制方法生成的并非路径，而是一条轨迹。该生成轨迹包含速度、加速度等与时间相关的数值，且其曲率连续，过渡自然流畅。

自动驾驶汽车决策规划体系通常利用边界值问题求解方法（boundary value problem，BVP）来对终端时间自由问题进行求解，这种方法要求掌握问题的解的初始估计值，因此当初始估计值与最终结果之间差距较大时，问题的求解精度将会大幅降低，不仅如此，问题求解的复杂度也会随着评价指标的增多而提高。由此可见，自动驾驶汽车决策规划体系在对复杂问题进行求解时需要在轨迹规划过程中综合运用最优控制求解方法和新的数值算法。

（2）基于参数化曲线的轨迹规划方法

B 样条曲线是逼近由大量被称作控制点的向量构成的控制多边形的曲线，这些控制点按一定的顺序互相连接，能够借助自身的位置共同控制曲线形状。B 样条曲线具有曲率连续、局部支撑性、相邻曲线段节点处曲率连续等特点，能够在轨迹局部约束条件不满足时改变各个控制点的位置，进而在确保其他各个轨迹段保持不变的情况下修正轨迹。由此可见，基于参数化曲线的轨迹规划方法具有应用性强的优势。

除此之外，基于多项式的自动驾驶汽车行驶轨迹规划方法也在轨迹规划体系中发挥着十分重要的作用。具体来说，决策规划系统可以利用六次多项式建立轨迹函数，并根据 T_k 和 T_{k+1} 周期的车辆状态 $S_k = (x_k, y_k, \theta_k, \phi_k)$ 和 $S_{k+1} = (x_{k+1}, y_{k+1}, \theta_{k+1}, \phi_{k+1})$ 计算出 $[P_0, P_1, P_2, P_3, P_4, P_5]^T$。

此外，还需进一步利用跟踪误差最小原则来计算出六阶多项式的所有系数，并借助各项系数计算出轨迹的控制量。一般来说，基于多项式函数的轨迹具有曲率连续的特点，但当轨迹约束条件缺失时，为了充分满足约束条件的要求，决策规划系统需要根据约束条件对整条轨迹进行调整，因此在轨迹规划过程中往往需要计算大量数据，导致其难以大范围普及应用。

（3）基于系统特征的轨迹规划方法

基于系统特征的轨迹规划方法包含微分平坦法，具体来说，微分平坦法指的是在不使用积分的情况下借助一组系统输出和导数来决定所有状态变量和输出变量。但微分平坦法也存在不足之处，如在轨迹规划方面并未全面考虑最大曲率和最大曲率变化率的约束条件。从实际操作上来看，自动驾驶决策规划系统在采用基于系统特征的轨迹规划方法进行轨迹规划时可以充分发挥文献的作用，根据路径规划来确定路径函数信息，并利用微分平坦法对系统输入和状态的时间相关的轨迹函数进行科学合理的规划，同时在确保自身能够充分满足车辆侧向加速度约束的前提下最大限度优化系统的性能指标。

2.1.4　局部路径规划方法

智能网联汽车的局部路径规划指的是在车辆处于存在障碍物的环境中时通过利用各项传感器设备感知周围环境的方式规划出一条从当前点到目标点的局部行驶路径，进而确保车辆在行驶过程中的安全性和高效性。一般来说，局部路径规划方法主要由如表 2-3 所示的两项内容构成。

表2-3　局部路径规划的主要内容

局部路径规划	具体内容
构建环境模型	通过抽象化处理智能网联汽车所处的现实空间场景的方式构建计算机可认知的环境模型
搜索无碰路径	在模型空间中找出完全符合各项相关约束条件的路径搜索算法

智能网联汽车在进行局部路径规划时需要针对行驶环境的特点确定规划的侧重点并解决相应的难点。

① 高速公路具有行车环境简单的特点，但高速公路上的汽车大多行驶速度较快，且在控制精度方面的要求也比较高，因此在路径规划过程中难以利用算法来实现对位置环境信息的精准采集和对路径的快速搜索。

② 城市半结构化道路具有道路环境特征明显、交通环境复杂度高、周边障碍物数量多等特点，要求智能网联汽车具备较强的道路特征和障碍物识别能力，同时在构建车辆周边环境模型、搜索避障行驶路径、预测动态障碍物的方向和速度等方面存在较大难度。

③ 越野环境的非结构化道路具有道路边界模糊、路面平整度低等特点，因此智能网联汽车在对周边环境进行识别时对地形地势的要求比较高，同时在识别车辆可通行区域方面也存在一定的困难。

具体来说，局部路径规划主要包括基于滚动时域优化的轨迹规划和基于轨迹片段的运动规划两种方法，如图 2-6 所示。

图 2-6　局部路径规划的方法

（1）基于滚动时域优化的轨迹规划方法

基于滚动时域优化的轨迹规划方法就是利用传感器设备实时感知和采集局部环境信息并通过滚动优化的方式实现对智能网联汽车行驶路径的在线规划。

从实际操作来看，一方面，智能网联汽车的自动驾驶决策规划系统可以在滚动时充分发挥传感器采集到的局部信息的作用，利用启发式的方法设立相应的优化子目标，并针对子目标在当前时域中对局部路径进行规划；另一方面，智能网联汽车的自动驾驶决策规划系统可以在落实规划策略的过程中确保车辆按照局部规划路径移动，并在推进时域的同时采集新的环境信息，进而在滚动过程中推动优化和反馈互相融合。

除此之外，预测控制也能够在轨迹规划中发挥作用，自动驾驶决策规划系统可以获取实时局部环境信息，并采用基于滚动时域优化的轨迹规划方法实现在线轨迹规划。总而言之，这种轨迹规划方法具有反应速度快、环境适应能力强的优势，能够为行驶在未知环境中的智能网联汽车灵活避障提供帮助，具有较强的实用性，但同时也存在计算量大的问题。

（2）基于轨迹片段的运动规划方法

基于轨迹片段的运动规划方法是智能网联汽车所采用的一种局部路径规划方法，具体来说，轨迹片段指的是配平轨迹和机动轨迹。其中，配平轨迹是系统在相对平衡状态下时产生的轨迹，机动轨迹是系统从一个相对平衡进入另一个相对平衡时所产生的轨迹。

在车辆的运动学和动力学条件的限制下，智能网联汽车在进行路径规划时，可以采用以最优控制原理为基础的机动轨迹设计方法和随机采样法，在连接起各个轨迹片段的情况下设计出快速运动规划方案和最优运动轨迹规划方案，但这种规划方法存在计算复杂度高的缺点，因此难以实现大范围落地应用。

2.2 全局路径规划的典型算法及原理

2.2.1 Dijkstra 算法及原理

Dijkstra 最短路径算法，是一种用于有向图中单源最短路径计算的算法，其创造者为欧洲工程院首批院士、荷兰计算机科学家艾兹格·W·迪科斯彻（Edsger Wybe Dijkstra）。

1952 ～ 1956 年，程序设计经历了一个演变的过程，也正是在这一时期，迪科斯彻的最短路径算法取得了突出进展。当时，在教授程序设计、编译器设计等课程的过程中，他发现最短路径问题等计算机学科领域的基本问题并没有被很好地解决，因此他开始在当时计算机性能十分有限的条件下研究最短路径问题的解决方案。在研究的过程中，迪科斯彻发现，定位源节点后，可以先找出与其距离最近的节点，再依次找出与源节点距离次短的节点，最后，通过类推便能够获得源节点与所有节点之间的最短路径。

为了更好地进行计算，迪科斯彻采用了贪心策略❶设计路径计算算法：首先，定位源节点后，依次找出与其距离最近的节点，并进行路径标记；其次，计算各个节点邻居节点与源节点之间的距离，并进行路径标记；再次，通过对比，更新最短路径；最后，重复上述过程，直至所有节点都被标记为最短路径。

（1）算法内容

为了更好地理解 Dijkstra 算法，可以通过图 2-7 进行说明。

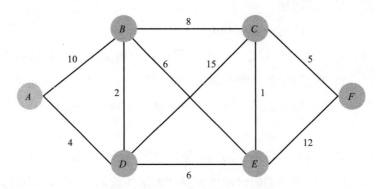

图 2-7　多节点、多路径示意图

这是一个多节点、多路径图，当利用 Dijkstra 最短路径算法时，其计算的过程大致如下：将 A 定位为源节点，计算 A 点到其他点（B、C、D、E、F）的最短路径。因为需要获得 A 到其他点的最短距离，所以构造一个数组记录 A 到 B、C、D、E、F 这 5 个点的路径距离。约定：

- 如果 A 能够直接达到节点，则使用路径长度即权值作为其距离；
- 如果 A 节点不能直接达到节点，则使用无穷大表示 A 到该点距离；
- 任何点到自身都为 0。

那么在最开始时，A 点到图中所有点的距离数组如表 2-4 所示。

表2-4　距离数组

A	B	C	D	E	F
0	10	无穷大	4	无穷大	无穷大

❶ 贪心策略：greedy algorithm，也称贪心算法、贪婪算法，指的是在求解问题时，不从整体出发，而总是做出在当前看来最好的选择，得到的是在某种意义上的局部最优解。

Dijkstra 最短路径算法：每次都从最短距离数组中选择最近的点作为下一轮计算的节点，然后重新计算从起始点经过该点到其他所有点的距离，并通过对比更新最短距离，重复此步骤，直至所有点都被标记为最短距离。需要注意的是，已经选取过的点就是确定了最短路径的点，不再参与下一轮最短路径计算。

（2）Dijkstra 算法的原理

由于以贪心策略为基础，因此 Dijkstra 最短路径算法的每次计算过程均不是寻求整体最优解，而是暂时获得局部最优解。因此，每次选择的都是当前距离起点最近的节点，然后通过该节点更新其邻居节点之间的距离。Dijkstra 最短路径算法的计算步骤如图 2-8 所示。

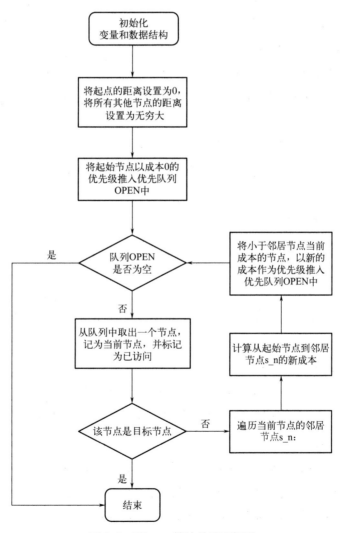

图 2-8　Dijkstra 算法的原理框图

从图中可以看出，Dijkstra 最短路径算法主要有以下三个步骤：

① 初始化。将变量和数据结构进行初始化，创建一个包含目标区域内所有节点的集合。然后，进行距离设置，设定起始节点的距离值为 0、其他所有节点的距离值为无穷大。将起始节点以成本 0 的优先级推入优先队列 OPEN 中。

② 主循环。当队列 OPEN 为空时，本轮计算结束；当队列 OPEN 非空时，进行如下计算：

- 弹出优先级最小（成本最低）的节点（_, s），其中 _ 为忽略的值，s 为当前节点；
- 将当前节点 s 添加到 CLOSED 列表中，表示已访问；
- 检查当前节点是否为目标节点，如果为目标节点，就结束循环；
- 计算当前节点到邻居节点的距离，并与邻居节点的当前距离值进行比较；
- 如果计算得到的距离值小于当前距离值，则更新邻居节点的距离值为新的更小值，并将邻居节点 s_n 以新的成本作为优先级推入优先队列 OPEN 中。

③ 提取最短路径。循环结束后可以通过从目标节点回溯至起始节点，在 PARENT 字典中提取最短路径。

Dijkstra 最短路径算法是迪科斯彻的主要成就之一，也是全局路径规划的典型算法，在交通规划、地理信息系统等领域都得到了较为广泛的应用。

2.2.2　A* 算法及原理

A* 算法（A-star algorithm）即 A star 算法，其是将 Dijsktra 算法等常规方法和 BFS 等启发式方法相结合的一种算法。启发式算法得出的通常是近似解而不是保证是最优解，而 A* 算法则不同，其虽然也无法保证获得最优解，但在路径规划中能够保证获得最短路径。

（1）A* 算法的基本思想

A* 算法通过在搜索的过程中建立搜索规则来对目标位置和实时搜索位置之间的距离进行衡量。在这个过程中，搜索方向需要优先朝向目标点所处位置的方向，从而提高搜索的效率。

A* 算法的基本思想如下：引入当前节点 x 的估计函数 $f(x)$，当前节点 x 的估计函数定义为：$f(x) = g(x) + h(x)$。其中 $g(x)$ 是从起点到当前节点 x 的实际距离量度（代码中可以用两点之间距离代替）；$h(x)$ 是从节点 x 到终点的最小距离估计，$h(x)$ 的形式可以为欧几里得距离或者曼哈顿距离。

（2）A* 算法的工作原理

从上述 A* 算法的基本思想中可以看出，其对于路径的计算兼顾了节点到起点的实际距离和节点到目标节点的估计距离。通过对两个距离的综合衡量，可以评估节点的优先级，并选择优先级最高的节点进行扩展。通过引用启发式函数，A* 算法能够对所选的路径和速度进行衡量。而且在启发式函数可以满足一定条件的基础上，A* 算法能够获得最短路径。A* 算法的工作原理如图 2-9 所示。

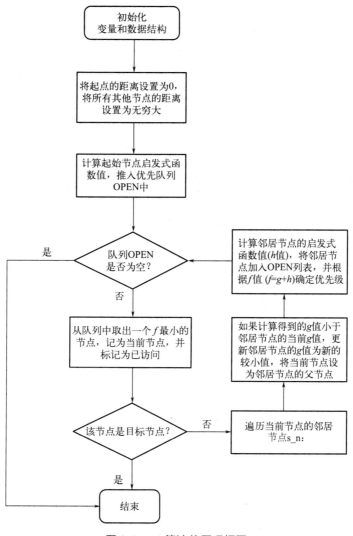

图 2-9 A* 算法的原理框图

从图中可以看出，A* 算法主要有以下三个步骤：

① 初始化。将变量和数据结构进行初始化，然后进行距离设置，设定起始节

点的距离值为 0、其他所有节点的距离值为无穷大。将起始节点加入到 OPEN 列表中，使用节点的 f 值作为优先级。

② 主循环。当队列 OPEN 为空时，本轮计算结束；当队列 OPEN 非空时，进行如下计算：

- 从 OPEN 列表中弹出具有最高优先级的节点，将其加入已访问列表（CLOSED）中；
- 检查当前节点是否为目标节点，如果为目标节点，就结束循环；
- 获取当前节点的邻居节点。

对于每个邻居节点，执行以下步骤：

- 计算从起始节点经过当前节点到达邻居节点的实际距离，即 g 值；
- 如果邻居节点不在 g 字典中，将其 g 值初始化为无穷大；
- 如果计算得到的 g 值小于邻居节点的当前 g 值，更新邻居节点的 g 值为新的更小值，并将当前节点设为邻居节点的父节点；
- 计算邻居节点的启发式函数值，即 h 值；
- 将邻居节点加入 OPEN 列表，并根据 f 值（$f=g+h$）确定其优先级。

③ 提取最短路径。循环结束后，通过从目标节点回溯到起始节点，在 PARENT 字典中提取最短路径。

2.2.3　Floyd 算法及原理

Floyd 算法（Floyd algorithm）又称为"插点法"，与 Dijkstra 最短路径算法类似，其用于计算给定的加权图中多源点之间的最短路径。由于其创始人之一为 1978 年图灵奖获得者、斯坦福大学计算机科学系教授罗伯特·弗洛伊德（Robert W. Floyd），因此得名为 Floyd 算法。

（1）算法的基本思想

Floyd 算法采用了"动态规划"的思想，即将需要解决的问题分解为若干子问题，通过逐步解决子问题而最终解决整个问题。同样，在解决子问题的过程中，该算法仍然是"分治"的，会将子问题再次分解并逐步解决。

Floyd 算法的核心思想为：通过应用中转节点解决问题。可以举例进行说明：

对于节点 i 和节点 j，假设已知它们之间的最短路径距离为 $d[i][j]$，那么可以将节点 k 作为中转节点，让其为 i 和 j 之间的路径 P 提供一个"中转服务"，也就是

将 P 拆分为两条路径: $i-->k$ 和 $k-->j$。

假设已知 $i-->k$ 和 $k-->j$ 的最短路径长度, 那么可以得到 $i-->j$ 的最短路径长度, 即 $d[i][j]=d[i][k]+d[k][j]$。

（2）算法的实现方法

在应用的过程中, 可以用一个二维数组来表示带权有向图 G, 假设节点的总数为 n, 则数组的维度为 $n×n$, 其中 $d[i][j]$ 表示从节点 i 到节点 j 的最短路径长度。那么, Floyd 算法主要有以下三个步骤:

① 初始化。先将二维数组 d 初始化为 G 的邻接矩阵, 即 $d[i][j]=w(i,j)$, $w(i,j)$ 表示从节点 i 到节点 j 的边权值。如果节点 i 和节点 j 之间没有直接相连的边, 则 $d[i][j]$ 的值为 INF（即无穷大）。

② 迭代更新。从节点 1 到节点 n, 依次考虑每个节点 k 作为中转节点, 然后更新节点 i 和节点 j 之间的最短路径长度 $d[i][j]$。

在每次迭代中, 都可以寻找一个新的中转节点 k, 然后更新节点 i 和节点 j 之间的最短路径长度 $d[i][j]$。更新的方式为比较当前的 $d[i][j]$ 值和 $d[i][k]+d[k][j]$ 的和, 如果 $d[i][j]$ 大于后者, 则将 $d[i][j]$ 的值更新为后者。

③ 结果输出。迭代更新结束后, 就可以得到整张图上任意两个节点之间的最短路径长度。如果 $d[i][j]$=INF, 则表示节点 i 和节点 j 之间不可达。如果 $d[i][j]$ 的值发生了更新, 则表示节点 i 和节点 j 之间的最短路径长度发生改变, 保留最短路径即可。

（3）Floyd 算法的优缺点

Floyd 算法适用于 APSP（all pairs shortest paths, 多源最短路径）。作为一种经典的图论算法, 其具有明显的优缺点。

① 优点。与 Dijkstra 算法、A* 算法等相比, Floyd 算法的时间复杂度为 $O(n^3)$, 且不需要借助数据结构, 因此其用于计算最短路径问题时效率更高。此外, Floyd 算法的可扩展性强、空间复杂度低, 能够应用于航线规划、地图路径规划等诸多场景中。

② 缺点。虽然与暴力枚举算法相比, Floyd 算法的时间复杂度更低。但是当面对大规模的数据集合时, 计算瓶颈仍然难以避免。

2.2.4 RRT 算法及原理

RRT 算法（rapidly-exploring random trees, 快速搜索随机树）由 Steven M.

LaValle 于 1998 年提出，可直接应用于非完整约束系统的规划，不需要进行路径转换，因此是高效的路径规划算法。

（1）RRT 算法的工作原理

RRT 算法的运算逻辑类似树的构造，以初始的一个根节点通过随机采样的方法在空间搜索，然后添加叶节点来不断扩展随机树。当目标点进入随机树后，随机树的扩展过程会停止，从而获得一条从起始点到目标点的路径。

RRT 算法的具体计算过程如下：

① 初始化随机树。定位起点，并将其作为随机树的起点。这时，随机树中只有一个节点，也就是根节点。

② 在环境中随机采样。随机选择一个点，如果所选择的点不在障碍物范围内，则计算随机树中所有节点到该点的欧氏距离，并找到距离最近的节点；如果所选择的点在障碍物范围内，则重新生成并重复该过程直至找到距离最近的节点。

③ 生成新节点。找到连线方向，并根据固定的生长距离生成一个新的节点，并判断该节点是否在障碍物范围内。如果所选择的点不在障碍物范围内，则将其添加到随机树中，否则返回第二步重新对环境进行随机采样。

④ 停止搜索。当生成的新节点和目标点之间的距离小于设定的阈值时，表明随机树已经到达目标点，可以将该节点作为最后一个路径节点加入随机树中，并结束计算，生成路径规划方案。

（2）RRT 算法的优缺点

从 RRT 算法的工作原理中可以看出，其具有随机采样和概率完备的特点，因此与其他路径规划算法相比，RRT 算法的优点主要体现在：

- 不需要针对环境进行精准建模，空间搜索能力强；
- 路径规划效率高；
- 适用于复杂环境下的路径规划问题。

同样，也因为随机采样等特点，使得 RRT 算法的缺点也比较明显：

- 搜索过程易产生冗余点，获得最优路径的概率低；
- 节点相连生成的路径可能不够平滑；
- 在狭长的地形环境中，可能难以进行路径规划；
- 当环境中存在动态障碍物时，无法进行有效检测；
- 可能导致计算过程复杂且需要较长的时间，并可能陷入死区。

2.3 自动驾驶行为决策模型及算法

2.3.1 基于有限状态机的决策模型

有限状态机（finite-state machine，FSM）模型是一种完全不同于传统的连续型数学模型和离散型数学模型的基于时间响应的模型。一般来说，处于各类交通场景中的汽车需要在预先设计的规则内根据自身所处场景的实际情况执行相应的驾驶行为，在此之前，汽车行业和交通行业需要将车辆所处的各类典型交通场景描述为离散的事件，并针对各项事件设置相应的触发行为动作，以便确保自动驾驶汽车能够在港口、码头、校园等各类封闭的典型交通场景中安全稳定行驶。

（1）有限状态机原理

有限状态机可以在自身拥有的多个状态之间根据事件和对象进行转移和动作，常在机器人系统、网络通信等领域中发挥重要作用。从构成上来看，有限状态机中主要包含事件、状态和动作三部分，如表2-5所示。

表2-5 有限状态机的三大要素

三大要素	具体内容
事件	车辆状态和环境感知的数据信息，也是有限状态机的输入条件，能够支持有限状态机在满足某一事件的情况下进行状态转移并执行相应的动作
状态	指对象的形态，能够表示车辆在不同场景中所处的状态，例如，停车状态等。一般来说，对象通常具备由多种状态构成的状态集并时刻处于该状态集中的其中一种状态当中
动作	指事件响应动作，如换道、车道保持等驾驶行为，一般来说，有限状态机中的各项动作通常以动作集的形式存在，但并非所有的事件输入都会产生响应动作，有限状态机也可以在不对事件进行响应的情况下直接进行状态转移

（2）建立行为决策模型

在行为决策系统设计环节，相关设计人员需要遵循以下两项准则：

① 合理性。智能网联汽车在行驶过程中产生和执行的所有决策都应严格遵循交通法规并满足驾驶经验。具体来说，交通法规主要涉及按路段限速、靠右车道行驶、不得跨越十字路口附近的实线、换道时打开相应的转向灯、超车时打开相应的转向灯、转弯时打开相应的转向灯以及按照交通信号灯和交通指示牌行驶等内容；驾驶经验主要涉及礼让行人、不随意换道、保持安全车距、不随意加速和减速以及根据实际情况选择是否超车等内容。

② 实时性。智能网联汽车在行驶过程中需要提高行为决策计算效率，实时规划和执行驾驶行为，增强自身在复杂场景中灵活应对各类危险的能力，充分确保行驶的安全性。除此之外，汽车行业和交通行业的相关工作人员还应在制定和完善自动驾驶车辆行为决策设计准则的基础上进一步对基于有限状态机的决策模型进行设计。

从实际操作上来看，基于有限状态机的决策模型通常以环境信息和车辆状态为输入。其中，环境信息主要包含车辆中装配的相机和雷达设备所获取到的行人、车辆、车道线、交通信号灯和交通指示牌等信息，且雷达还能够采集车辆前方道路宽度信息并判断道路类型，例如水平直道、上坡、下坡等；车辆状态信息主要包含车辆中装配的差分全球定位系统（differential global position system，DGPS）和惯性导航系统等系统实时采集的航向、速度、加速度和坐标位置等信息。

一般来说，基于有限状态机的决策模型通常以跟驰、换道、停车、自由行驶等驾驶行为类型和场景期望速度、紧急停车需求等为输出。具体来说，有限状态机行为决策模型如图 2-10 所示。

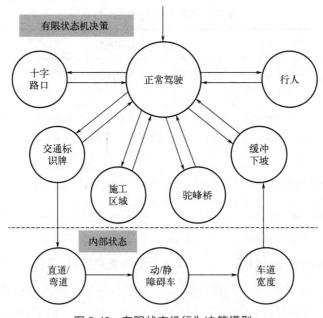

图 2-10　有限状态机行为决策模型

（3）规则描述

有限状态机的状态和状态转移规则描述主要涉及正常驾驶、十字路口／红绿灯、交通标识牌、施工区域、驼峰桥／缓冲下坡、行人等内容。

① 正常驾驶。当智能网联汽车在并未接到任何场景任务要求的情况下，仅按照全局规划路线行驶时，系统将会在完成其他状态后及时转换为默认状态。系统的默认状态主要包含自动驾驶状态、手动驾驶状态和紧急制动状态三种子状态，这三种子状态可以针对具体的时间输入互相转移，以便支持车辆正常运行。正常驾驶内部状态如图2-11所示。

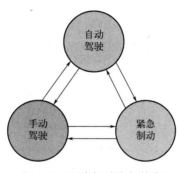

图 2-11　正常驾驶内部状态

② 十字路口／红绿灯。有限状态机会在环境感知层识别到道路前方的红绿灯标志位时转移到该状态，并控制车辆减速直至在到达斑马线之前完成停车操作，控制车辆在路口清晰时继续通过路口，随后转移至其他状态。

③ 交通标识牌。有限状态机会在环境感知层识别到道路前方设有"急弯""学校区域"等交通标识牌时转移到该状态，并分析标识牌中传达的信息，同时据此调整场景限制速度，随后在离开该交通标识牌100米时转移至其他状态。

④ 施工区域。有限状态机会在环境感知层识别到前方道路正在施工时进入该状态，控制车辆减速行驶，同时计算出能够确保车辆可以安全行驶的目标点，并在该状态下控制车辆安全驶出该路段，随后在道路视野清晰时转移至其他状态。

⑤ 驼峰桥／缓冲下坡。有限状态机会在道路高度信息发生变化时进入该状态，并控制车辆在某一车道中保持一定的速度行驶，随后在道路信息显示当前道路为水平道路时转移至正常驾驶状态。

⑥ 行人。有限状态机会在环境感知层识别到前方道路有行人经过时转移至该状态，并控制车辆在抵达行人所处位置之前停车，随后在识别到行人离开时转移至其他状态。

有限状态机的内部状态涉及根据对车道线前方道路的识别结果设定速度限值。当环境感知层识别到车道中有静态障碍车时，有限状态机将会协同控制系统控制车辆及时避障或停车；当环境感知层识别到车道中有动态障碍物时，基于有限状态机的决策模型将会在掌握障碍物的运动速度和运动方向等信息的基础上根据障碍物与车辆在运行速度上的差距来判断是否需要加减速、跟车或超车;当环境感知层检测到前方道路无法满足行驶要求时,基于有限状态机的决策模型将会根据车道宽度进行行为决策,为控制系统控制车辆并道或停车让行提供依据。

智能网联汽车中的有限状态机在环境感知层识别到特定场景时会进行状态转移,同时也会在状态转移时完成对驾驶决策进行可行性分析。例如,在生成超车决策后需要采集和分析车辆与相邻车道前后车之间的相对距离和相对速度,并根据分析结果衡量该决策的安全性,以便在充分确保车辆行车安全的基础上进行超车。

具体来说,智能网联汽车中的有限状态机可以在进入某一状态标志位后对相应操作的可行性进行分析,并在确定操作可行后协同控制系统控制汽车在按照场景要求的期望速度行驶的前提下执行这一操作;不仅如此,还需要在从当前状态转移至正常驾驶模式之前进行可行性分析,并在该过程中持续输出经过可行性分析的驾驶行为类型和期望速度,以便借助相应的运动规划算法为车辆规划出具体可行的局部运动轨迹,让车辆能够按轨迹安全稳定行驶。

2.3.2 基于深度学习的行为决策模型

近年来,科学技术飞速发展,人工智能的应用也逐渐成熟,自动驾驶车辆开始成为人们关注和讨论的热点。深度学习是一种十分先进的人工智能算法,目前已经能够在自动驾驶领域发挥重要作用。具备自动驾驶功能的智能网联汽车可以从实际环境条件出发进行自主决策,并在此基础上充分发挥深度学习等人工智能决策算法的作用,进一步提高行车的安全性和路面通行效率。

深度学习是一种源自人工神经网络的多层次神经网络算法,通常由输入层、输出层、隐含层三部分构成,能够接收和处理数据信息,持续进行自我学习,并自主发现和处理各项知识信息。就目前来看,深度学习算法可以应用在图像识别、语音识别、自然语言处理和推荐算法等多个方面。

(1)基于深度学习的车辆行为决策技术

决策算法是智能网联汽车实现自动驾驶的关键。具体来说,决策算法可以针对路况、障碍物和交通标志等各项环境变量进行分析,并根据数据分析结果生成相应的决策,同时也能够最大限度优化和完善策略,充分确保车辆能够安全、合理、高效行驶。

　　基于深度学习的行为决策技术可以充分发挥场景数据和驾驶员行为数据的作用，对深度神经网络进行训练和优化，并利用深度神经网络学习和仿真其他车辆或驾驶员的环境处置方法，强化车辆的环境感知能力、理解能力和决策能力，进而提高汽车在决策方面的智能化水平。

　　基于深度学习的行为决策技术能够利用由大量神经层构成的深度神经网络为车辆实现自动驾驶提供支持。具体来说，各个神经层都可以以上一层的输出为输入，并利用非线性函数在低维特征空间中映射各项特征，以便智能网联汽车通过深度学习的方式来学习与决策相关的特征表示。

　　卷积神经网络（convolutional neural networks，CNN）在自动驾驶行为决策领域发挥着十分重要的作用。当车辆处于行驶状态时，各个神经层可以将车辆行驶状态信息和周边障碍物信息等相关信息作为输入，CNN可以从各项相关信息中提取目标物体的特征表示，并据此进行分类。不仅如此，循环神经网络（recurrent neural network，RNN）和长短时记忆网络（long short-term memory，LSTM）也开始被应用到智能网联汽车的自动驾驶行为推断和路径规划方面，并呈现出良好的应用效果。

　　（2）基于深度学习的车辆行为决策模型

　　就目前来看，基于深度学习的行为决策模型主要应用了 Deep Q-Network、Policy Gradient 和 Actor-Critic 三种算法，如图 2-12 所示。

图 2-12　车辆行为决策模型算法

　　① Deep Q-Network。Deep Q-Network 是一种基于神经网络且将其与 Q 学习方法相融合的深度学习算法，能够支持 Agent 在多种状态下最大限度对各项相应的行为进行优化。Deep Q-Network 可以利用神经网络构建连续的状态空间模型，并在此基础上实现对 Q 值的估算，从而达到进一步提高学习效率和准确率的目的。与

此同时，Deep Q-Network 也逐渐成为智能网联汽车自动驾驶领域应用最为广泛的一种基于深度学习的行为决策模型。

② Policy Gradient。Policy Gradient 是一种基于梯度下降的深度学习算法，能够在参数化策略的基础上通过梯度下降的方式为车辆提供最佳策略。具体来说，Policy Gradient 具有可解释性强、价值函数局限性低、可直接优化最终策略等优势，能够充分确保对策略生成过程的解释的直观性。

③ Actor-Critic。Actor-Critic 是一种基于策略梯度和动作价值函数的算法，能够凭借策略学习和价值函数学习并行的优势在实际应用中发挥作用。不仅如此，Actor-Critic 还具备稳定性高、收敛性高以及对环境变化的实时应对能力强和可根据奖励补偿原则学习等诸多优势，并逐渐被应用到智能网联汽车自动驾驶的行为决策当中。

（3）深度学习在自动驾驶车辆中的应用

具体来说，深度学习在自动驾驶车辆中的应用主要体现在如图 2-13 所示的几个方面。

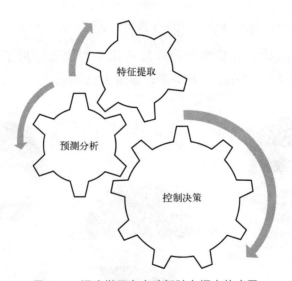

图 2-13　深度学习在自动驾驶车辆中的应用

① 特征提取。具备自动驾驶功能的智能网联汽车通常借助传感器来采集视频图像、雷达信息、激光扫描数据等多种环境信息，并利用深度学习算法对这些数据进行处理和分析，从而在数据层面强化智能网联汽车的决策能力。一方面，智能网联汽车可以利用深度学习技术对视频图像进行特征提取，实现对图像中的物体、形状、颜色、位置等信息的有效分析；另一方面，也可以利用深度学习技术挖掘雷达

信息和激光扫描数据中的有效特征，如时间、距离、尺度等特征信息。总而言之，深度学习可以在特征提取环节发挥重要作用，帮助智能网联汽车在自动驾驶过程中实现对各项相关数据的精准高效处理。

② 预测分析。具备自动驾驶功能的智能网联汽车可以通过预测分析的方式对交通灯变化和障碍物出现等汽车行驶中可能会出现的各种情况进行预测，并充分发挥深度学习算法的作用，最大限度优化自动驾驶决策策略，充分确保汽车在行驶过程中的高效性和安全性。

③ 控制决策。具备自动驾驶功能的智能网联汽车可以在掌握环境条件的基础上利用深度学习算法自主完成决策控制工作。深度学习算法能够根据车辆所需的速度、行驶路径和加减速度等多项相关因素为智能网联汽车的控制决策提供支持。

综上所述，在智能网联汽车当中，基于深度学习的自动驾驶车辆行为决策模型具有高效性、灵活性和容错性强等诸多优势，同时深度学习算法的快速发展也在一定程度上扩大了自身在汽车行业的应用范围。

2.3.3　基于决策树的行为决策模型

决策树是一种具有分类和决策作用的树结构，决策树算法可以在掌握样本特征属性的基础上按照"if-then"逻辑对样本的属性取值进行分类和排列，打造出一个树形结构，并将样本的属性取值按"某种顺序"归纳到确定的分类当中。

"某种顺序"与决策树的属性选择方法相关。例如，二叉决策树的树形结构主要涉及节点和边两项内容，其中，节点表示分类问题中样本的某一项属性，边则包含样本属性取值符合当前分类依据和不符合当前分类依据两种情况。

选择划分属性是决策树学习中的重要环节，从具体流程上来看，决策树需要在选择划分属性时首先要计算出训练样本中的各个属性的具体"贡献度"，并找出其中"贡献度"最高的属性作为根节点，按照根节点属性的取值来确定扩展的各个分支；其次还要在候选属性集中去掉已经成为节点的属性，并在达到预设的模型训练阈值之前反复计算和选择候选属性集中的其他属性的"贡献度"；最后打造出一棵具有良好的拟合训练样本分布能力的决策树模型。

一般来说，智能网联汽车自动驾驶领域常用的决策树算法主要包括迭代二叉树三代（iterative dichotomiser3，ID3）算法、C4.5 算法和分类与决策树（classification and regression tree，CART）算法三种类型，如图 2-14 所示。

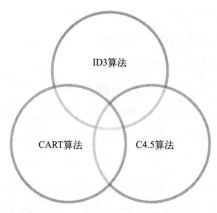

图 2-14　决策树算法的主要类型

（1）ID3 算法

ID3 算法是一种能够从数据集中生成决策树的算法，从作用原理上来看，ID3 算法可以在决策树的各个节点选出能够获得最高信息增益的分支属性，并对其进行分裂。

一方面，ID3 算法可以计算出候选属性集中的所有属性的信息增益，并从中找出信息增益最大的属性，同时将该属性作为根节点并以其属性的取值为依据来确定分支情况；另一方面，ID3 算法可以在候选属性集中去除已选属性，并重复对候选属性集中的其他属性的信息增益进行计算，从中依次选出当前的信息增益最大的节点作为子节点，从而逐步将属性集中的所有属性选择完毕。

ID3 算法在计算各项属性的信息增益的同时会以节点的形式将信息增益最大的属性添加到决策树当中，并通过计算和选择陆续构建出一棵由属性构成的分类决策树。

（2）C4.5 算法

C4.5 算法比 ID3 算法更加先进和完善，既能够以信息增益率来选择测试属性，为离散属性和连续属性提供支持，也能简化决策树。具体来说，信息增益率指的是各项属性信息增益的占比，属性取值个数与信息增益率之间存在反比关系，因此与取值个数多的属性相比，信息增益率准则更偏向于取值个数少的属性。

从实际流程上来看，C4.5 算法应先对各个属性的信息增益率和所有属性的平均增益率进行计算，再通过对各项属性的信息增益率和平均信息增益率的比对来对属性进行分类，最后找出信息增益率最大的属性。

（3）CART 算法

CART 算法是一种可以根据输入随机变量 X 来输出随机变量 Y 的条件概率分布

的学习方法。具体来说，CART 通常将决策树看作二叉树，并将取值为"是"的分支作为内部节点特征的左分支，将取值为"否"的分支作为内部节点的右分支，进而将决策树与递归地的各个特征等价，将输入空间看作特征空间，并将其分为数量有限的多个单元，同时在各个单元中进行概率分布情况预测，并在此基础上输出条件概率分布。

从流程上来看，CART 算法的应用可分为以下两项内容：

① 决策树生成。CART 算法需利用训练数据集生成相应的决策树，首先，要选择各个节点的最佳属性进行分裂，并从根节点入手，按照从上到下的顺序建立节点；其次，要提高各个子节点中的训练数据集的纯度；最后，还应确保自身所生成的决策树足够大。

② 决策树剪枝。CART 算法需利用代价复杂度（cost complexity pruning，CCP）剪枝方法和验证数据集对决策树进行剪枝处理，将损失函数最小作为剪枝标准，以便从自身生成的决策树中找出最优子树。

2.3.4 基于贝叶斯网络的决策模型

近年来，人工智能技术的发展速度越来越快，在汽车领域的应用也日渐成熟，未来，智能网联汽车将会成为汽车领域发展的重要方向。与传统汽车相比，融合了人工智能技术的智能网联汽车能够充分发挥各项先进的数据技术和预测技术的作用实现自主决策。就目前来看，智能网联汽车领域已经开始利用贝叶斯网络来处理各项概率推理和数据预测相关任务，且已获得了良好的应用效果。

（1）贝叶斯网络概述

贝叶斯网络是一种以贝叶斯定理为核心思想且具有知识表示和推理作用的统计模型，能够围绕各个变量之间的关系构建相应的模型，并利用该模型以不断更新概率值的方式完成对数据的预测和对概率的推理。

例如，在互相关联的事件 A 和事件 B 当中，当已知事件 A 为已发生状态时，贝叶斯网络可以利用以下公式计算出事件 B 的发生概率：

$$P(B|A)=P(A|B)P(B)/P(A)$$

具体来说，$P（A）$ 表示事件 A 发生的先验概率；$P（B）$ 表示事件 B 发生的先验概率；$P（A|B）$ 表示事件 A 在事件 B 已发生时的发生概率；$P（B|A）$ 表示事件 B 在事件 A 已发生时的发生概率。

由此可见，以上公式能够根据已知事件实现对未知事件发生概率的计算，进而达到概率推理和数据预测的效果。贝叶斯网络中融合了这一思想，以概率分布函数的形式来表示各个互相关联的变量之间的关系，并在此基础上实现分析预测功能。

（2）贝叶斯网络在智能车辆中的应用

具体来说，贝叶斯网络在智能车辆中的应用主要体现在如图2-15所示的几个方面。

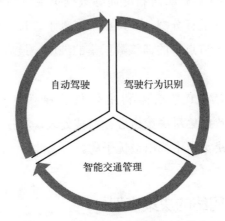

图 2-15　贝叶斯网络在智能车辆中的应用

① 驾驶行为识别。驾驶行为识别指的是采集和分析驾驶员行为信息，并根据分析结果来推断出驾驶员的操作意图和决策。贝叶斯网络能够构建基于历史数据的驾驶员行为模型，监测车辆的加速度、制动力和转向角度等行驶数据，并利用模型和数据来预测驾驶员的驾驶行为，以便在驾驶员无法应对各类突发事件时及时做出反应，防止出现交通安全事故。

② 智能交通管理。贝叶斯网络可用于分析实时交通数据，同时也能够根据数据分析结果对路况和拥堵情况进行预测，以便交通管理部门及时对交通流进行调度和优化，助力交通领域实现智能化的交通管理。不仅如此，贝叶斯网络也可以采集和利用路面温度、湿度等相关数据信息构建用于预测路面养护需求和安排施工任务的模型。除此之外，贝叶斯网络还可以对周边环境和人流等进行监测，为智能路灯亮度和角度的自动调节提供支持，进而达到提高能源利用效率和延长路灯使用寿命的目的。

③ 自动驾驶。贝叶斯网络在智能网联汽车的自动驾驶领域发挥着十分重要的作用，具体来说，智能网联汽车在实现自动驾驶的过程中需要利用各类传感器设备来感知周边环境，贝叶斯网络能够融合车辆中装配的各类传感器所采集的信息，并

利用这些信息对周边环境进行精准建模，以便利用该模型实现对周边环境中的车辆和行人的运动轨迹的有效预测，并根据预测结果进行决策，进而提高决策的科学性、合理性和有效性。与此同时，贝叶斯网络在自动驾驶中的应用也能够支持车辆实现对自身的行驶速度、转向角度、剩余油量等实际状态的实时预测，从而提高车辆的控制能力和驾驶的智能化水平。

（3）贝叶斯网络应用的优缺点

① 优点

● 概率推理能力强：贝叶斯网络能够充分发挥自身强大的概率推理能力，利用各项历史数据实现精准预测和有效决策。

● 可解释性强：贝叶斯网络能够通过以概率分布函数的形式表示各项变量之间的关系的方式来更加直观地呈现出各项变量之间的影响情况。

● 数据适应性强：贝叶斯网络能够在不使用假设模型的情况下适应各种数据分布情况和数据变化情况。

② 缺点

● 计算复杂度高：贝叶斯网络存在计算复杂度高的不足之处，需要使用大量时间和资源来完成计算任务。

● 结构复杂度高：贝叶斯网络的结构较为复杂，在应用过程中需要不断对其进行实验和优化升级。

● 缺乏样本：贝叶斯网络需要应用大量高质量样本，在缺乏样本的情况下预测效果将大打折扣。

综上所述，贝叶斯网络具有较强的概率推理和数据分析能力，其在智能网联汽车领域的应用能够针对驾驶行为、交通管理和自动驾驶等内容构建相应的模型，并利用这些模型实现精准的预测功能，进而以预测的方式来保障智能网联汽车的安全性和性能，但同时贝叶斯网络也存在许多不足之处，为了提高贝叶斯网络应用的有效性，各个相关行业还需在实施过程中继续对其进行研究和完善。

第 3 章

路径控制技术

3.1　智能车辆路径控制的系统设计

3.1.1　智能车辆的控制架构设计

自动驾驶汽车融合了车联网、V2X等多种先进的网络通信技术，且装配了车载传感器、控制器、数据处理器、执行机构等多种设备，能够与各类交通参与物进行信息交互，从而在复杂多变的行驶环境中实现传感感知、决策规划和控制执行等多种功能，提高行车的安全性、舒适性、节能性和高效性。就目前来看，自动驾驶汽车是汽车领域未来的发展方向，汽车行业需要围绕自动驾驶积极研究和创新汽车技术，推动自动驾驶汽车及相关产品实现产业化。

自动驾驶系统可以利用环境感知技术实现对车辆周边环境的感知，并采集和分析各项环境信息，在车载中心电脑的支持下根据信息分析结果对车辆行驶过程中的速度和转向进行控制，进而在控制车辆稳定行驶到终点的同时充分确保行车的安全性和可靠性。

汽车在实现自动驾驶的过程中离不开信息通信以及各项智能化技术的支持，同时自动驾驶汽车也能够以简单便捷的方式与驾乘人员和道路上的行人进行交互，在一定程度上减轻驾驶员的驾驶压力，并降低交通事故发生率，提高运输效率，满足特殊作业和国防军事等方面的各项应用需求。

环境感知技术和车辆控制技术是汽车实现自动驾驶过程中的重要技术，通常涉及轨迹规划和控制执行两项内容。具体来说，环境感知技术能够为自动驾驶车辆提供坚实的技术基础，车辆控制技术是支撑自动驾驶车辆稳定行驶的核心技术。

自动驾驶流程主要包括感知识别、决策规划和控制执行三个环节，如图3-1所示。

① 在环境感知环节，自动驾驶车辆需要利用雷达、摄像机和车载网联系统等工具识别并获取环境信息；

② 在轨迹规划环节，自动驾驶车辆需要融合并利用智能算法学习来源于传感器的各项外界环境信息，对运行轨迹进行规划，同时在此基础上实现拟人化控制；

③ 在决策控制环节，自动驾驶车辆需要对轨迹规划目标进行跟踪，对油门、制动、转向等驾驶动作进行控制，对行驶速度、位置、方向等状态进行调整，进而达到提高行车的安全性和稳定性的目的，同时也可以充分确保车辆的操纵性。由此

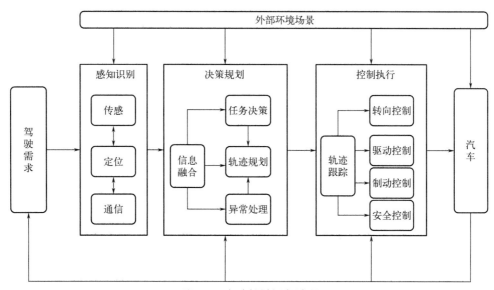

图 3-1 自动驾驶运行流程

可见，汽车行业对自动驾驶技术的研究具有十分重要的应用价值。

自动驾驶系统能够以形式化的方式对驾驶认知进行处理，并借助驾驶认知图来进行语言表达，构建具有较强的通用性的自动驾驶汽车软件架构。一般来说，自动驾驶汽车软件架构中的智能决策模块在进行自主决策时需要应用到由各项先验信息形成的驾驶态势，如驾驶地图、车联网通信、多传感器的感知信息等，如图 3-2 所示。

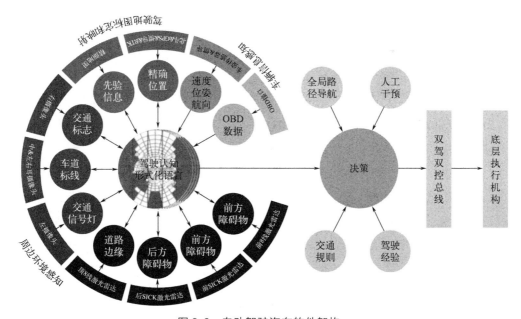

图 3-2 自动驾驶汽车软件架构

自动驾驶汽车软件架构包含驾驶地图的信息、车联网通信信息、决策控制模块和多传感器信息处理模块等多个组成部分，同时还融合了实时信息以及先验知识的形式环境信息数据池，既能利用驾驶认知图表统一输出驾驶态势实时信息，也能在驾驶态势中映射车辆的实时位置和朝向，集成车辆信息和驾驶态势实时信息，并据此构建起能够全方位表现目前的驾驶态势的公共数据池，同时还能借助 V2X 系统支持车辆与车辆以及车辆与基站之间的信息交互，及时获取路口标识、交通灯标识信息、超视距路况信息和周边交通流实时路况等相关信息，并在此基础上根据驾驶经验、全局路径和交通规则等各项先验知识来进行决策，进一步提高定位模块的定位精准度，为传感器信息处理模块明确感兴趣区域和驾驶地图模块更新先验信息提供强有力的支持，进而实现对自动驾驶性能的有效强化。

除此之外，具有自动驾驶功能的智能网联汽车的软件架构还能够解耦决策控制和传感器的感知信息，通过对传感器数量、型号和安装位置的简单调整来减少其对决策控制的直接影响，提高自身在移植到各个试验平台中时的便捷度。

3.1.2　智能车辆控制的核心技术

自动驾驶车辆所应用的车辆控制技术利用借助环境感知和决策规划模块来完成目标轨迹规划任务，并综合运用横向控制系统和纵向控制系统控制车辆沿着规划好的轨迹行驶，并支持自动驾驶车辆根据实际情况进行超车、换道、车速调节或车道保持。

自动驾驶控制功能的实现离不开横向控制技术和纵向控制技术的支持。具体来说，横向控制技术可用于调控轮胎力和转向盘角度，纵向控制技术可用于控制车辆制动和启动。融合了横向控制技术和纵向控制技术的自动驾驶汽车可以根据既定的行驶目标自动运行，也可以借助环境感知技术来获取周边环境信息，并根据这些信息对执行模块进行智能化控制，进而实现点到点自动驾驶。

为了实现自动驾驶，汽车行业应进一步优化和完善车辆的交通信息系统，提高车辆中所装配的传感器和智能控制系统的性能和可靠性。自动驾驶路段指的是车辆可以在无人干预的情况下利用自动驾驶系统来自动行驶的路段，也是汽车最有可能实现点到点自动驾驶的路段。就目前来看，对自动驾驶车辆来说，道路条件和控制系统的性能都存在一定的局限性，因此大多数自动驾驶结构都可以在手动操控和自动控制之间灵活切换。

若要实现各项自动驾驶功能，智能汽车需要在应用自动驾驶控制技术的同时，协同自动紧急制动系统（autonomous emergency braking，AEB）、自动泊车系统（automated parking，AP）、车道保持辅助系统（lane keeping assistance，LKA）和自适应巡航控制系统（adaptive cruise control，ACC）等多个相关系统，并根据实际情况充分发挥这些系统的作用，如图3-3所示。

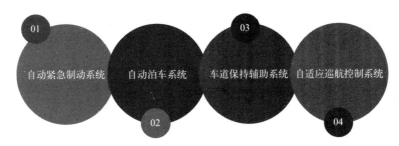

图3-3　自动驾驶车辆控制系统

（1）自动紧急制动系统

自动紧急制动（autonomous emergency braking，AEB）系统是能够在确保车辆安全的前提下进行辅助制动的电子系统。处于非自适应巡航状态下的智能汽车可以在遇到各类突发危险情况或车身与前方物体距离过小时利用AEB系统来辅助车辆驾驶员进行紧急制动，从而在一定程度上防止出现追尾等交通安全事故，提高行车的安全性。

AEB是一个包含感知、运算和执行三项内容的系统，且具有从感知到运算再到执行并在执行任务后再继续进行感知的闭环，能够利用摄像头和雷达等传感器设备进行环境感知，及时发现道路前方的障碍物或交通参与者，并利用系统自动控制执行机构进行车辆制动，帮助车辆规避行车碰撞风险，提高行车的安全性。不仅如此，AEB还可以与汽车中装配的各项传感器和系统控制器等设备协同作用，并在此基础上构建基于运行软件和算法的综合型电子控制系统，进而实现对车辆的有效控制。

（2）自动泊车系统

自动泊车系统（automated parking system，APS）可以利用自身所处车辆中装配的传感器设备和周边环境中的其他车辆中装配的传感器设备获取车速、角度以及车辆与周边物体之间的距离等信息，利用泊车雷达、全景摄像头和超声波雷达等设备来感知车位和环境信息，并在车载处理器/车载处理平台或云计算平台中生成相应的操作方案，以便借助控制器来按照信息分析结果找出可用车位和可用的泊车路径，并借助执行机构控制车辆通过加速、减速、转向等操作安全、精准、平顺地泊入或泊出车位。

装配有 AP 的汽车均具备自动泊车功能,能够综合运用车载传感器、处理器、控制系统等工具采集周边环境信息,并在此基础上找出可用车位,同时控制车辆以自动化的方式安全泊入该车位当中。

(3)车道保持辅助系统

车道保持辅助系统(lane keeping assist,LKA)可以基于车道偏离预警系统(lane departure warning system,LDWS)控制转向系统或具有制动作用的控制协调装置,确保车辆始终行驶在同一车道当中。

LKA 在进行车辆控制的过程中需要在发出提示警告后再对车辆的行车情况进行干预。从实际操作上来看,LKA 可以在车辆偏移时以发出响声、转向盘振动、座椅振动等方式来向驾驶员传达警告信息,并在驾驶员未针对偏移问题进行相应的操作时借助系统将车辆拉回原本的车道中行驶,与此同时,若驾驶员通过转动转向盘的方式来阻止车辆回到原车道行驶,那么 LKA 将不会再继续对车辆进行控制。

(4)自适应巡航控制系统

自适应巡航控制系统(adaptive cruise control,ACC)可以借助来源于雷达、传感器等感知工具的信息来自动控制行车速度,并在控制车辆按既定速度行驶的同时,测量出车辆与前车之间的距离、自身车速和前车车速,从而根据这些数据信息来控制车辆保持安全车距,达到提高行车安全性的效果。

从工作原理上来看,ACC 可以利用装配在车辆前方的传感器设备来采集前车的速度信息和距离信息,并向系统进行信号传输,以便系统根据信号中所传达的信息来计算安全车距,同时控制车辆在车距低于安全车距时自动减速或停车,在车距适中时保持以原车速行驶。ACC 具有全自动化的特点,既能有效提高行驶的舒适度,也能够缓解驾驶员的疲惫,增强行车的安全性。

3.1.3 智能车辆的横向控制设计

车辆横向控制指的是对汽车的转向控制,能够确保汽车沿着规划路线自动行驶,同时也能提高车辆在处于不同的车速、载荷、风速和路况时的稳定性和驾乘人员的舒适度。

横向控制可以根据汽车的实际行驶需求调整转向盘转矩和角度。从流程上来看,首先,自动驾驶汽车应具备横向控制系统,并在此基础上构建道路 - 汽车动力学控制模型;其次,自动驾驶汽车应以最优预瞄驾驶员原理和模型为依据设计侧向加速度最优跟踪比例微分（proportional-derivative，PD）控制器，建立横向控制系统；最后，自动驾驶汽车应在以自身的纵向速度和道路曲率为输入且以预瞄距离为输出的基础上打造用于预瞄距离自动选择的控制器，并最大限度对该控制器进行优化，确保自身在横向运动过程中能够实现自适应瞄准最优控制。横向控制结构如图3-4所示。

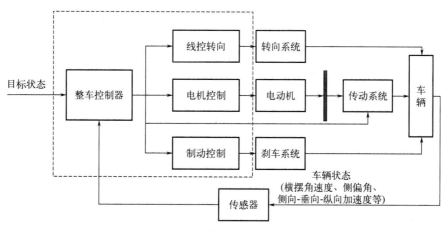

图 3-4　横向控制结构图

（1）横向控制系统的实现路径

一般来说，自动驾驶汽车中的横向控制系统需要在预瞄跟踪控制、前馈控制和反馈控制的支持下发挥作用。

① 预瞄跟踪控制。预瞄跟踪控制是一种与驾驶员的操纵特征高度相符的车辆控制系统。具体来说，在预瞄跟踪控制系统的作用下，驾驶员可以根据道路信息、外界环境信息和车辆运行状态信息来控制汽车按需行驶，并通过对各项相关数据信息的分析来预测车辆所处位置与道路中心线之间的侧向位移偏差和航向偏差，以便及时将预测偏差归零，控制车辆沿着期望行驶路径安全稳定行驶。

预瞄控制系统可以根据道路曲率、预瞄偏差、汽车行驶参数和汽车动力学模型计算出将预测偏差归零时，转向盘或前轮所需转动的角度，为自动驾驶汽车调整航向提供支持，确保车辆能够按照期望目标路径行驶。预瞄跟踪控制结构原理如图3-5所示。

图 3-5　预瞄跟踪控制结构原理

② 前馈控制。前馈控制是一种在补偿原理的指导下以扰动或给定值的变化情况为依据进行车辆控制的系统，能够在出现扰动且被控量尚未改变时根据扰动程度对车辆进行横向控制，并通过补偿扰动的方式来削弱被控量变化造成的影响。

③ 反馈控制。反馈控制可以通过在输入端对输出信息和输入信息进行对比并根据信息偏差对自动驾驶汽车进行横向控制。从作用原理上来看，反馈控制就是利用以往的经验对当前以及未来的自动驾驶任务进行指导。具体来说，正反馈指的是控制系统的反馈信息能够增强输入信息和信号的反馈，负反馈指的是控制系统的返回信息会抵消输入信息的反馈。

（2）车辆横向控制的设计方法

车辆横向控制的设计方法主要包括基于驾驶员模拟的方法和基于车辆动力学模型的控制方法两种。

基于驾驶员模拟的方法可以进一步分成动力学模型和驾驶员操纵规则设计控制器以及利用以驾驶员操控车辆过程中的数据训练器来采集控制算法两种设计方法，其中，动力学模型和驾驶员操纵规则设计控制器具有使用难度低的特点。

基于车辆动力学模型的方法可以在构建单轨模型等较为精准的汽车横向运动模型的基础上发挥作用，具体来说，单轨模型具有认为汽车左右两侧拥有完全一致的特性的特点。

在路面附着系数较低的情况下，车辆需要进一步增强自身的横摆稳定控制能力，就目前来看，许多车辆会借助汽车电子稳定程序（electronic stability program，ESP）和前轮主动转向系统（active front steering，AFS）等工具来控制前轮转向和轮胎作用力的分布情况，并降低轮胎利用率，同时充分发挥轮胎附着力的作用，以便确保车辆操纵的稳定性。

3.1.4 智能车辆的纵向控制设计

车辆纵向控制指的是对车速、车辆与前后方车辆的距离、车辆与前后方障碍物的距离的控制，一般来说，自动驾驶车辆通常通过巡航控制和紧急制动的方式来进行纵向控制。智能车辆的纵向控制问题主要涉及对发动机、电动机驱动以及传动和制动系统的控制，在控制过程中，汽车还需要通过融合各类相关模型和控制器算法的方式建立起多种纵向控制模式。纵向控制结构图如图 3-6 所示。

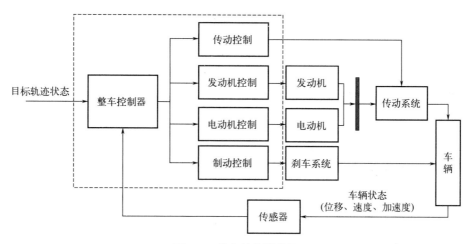

图 3-6 纵向控制结构图

不仅如此，智能汽车还可以借助纵向稳定控制实现对轮胎作用力滑移率的有效控制。具体来说，智能汽车中装配的滑移率控制系统可以灵活调控车轮滑移率，并在此基础上避免出现制动抱死和过度驱动滑动等问题，进而达到增强稳定性和提升操纵性能的效果。

智能汽车可以利用制动防抱死系统（antilock brake system，ABS）来对制动器的控制力进行自动控制，防止出现车轮抱死的现象，并借助地面在最大限度上为车轮提供制动作用力值，确保车轮的滑移率约为 20%，以便车轮可以在汽车制动的过程中一边滚动一边滑动。许多智能滑移率控制策略都选择借助各项环境感知信息来提高滑移率调节器的性能，以便利用可以随着道路环境的变化而变化的车轮最优滑移率调节器来增强轮胎力的作用效果。

前馈开环控制和比例 - 积分 - 微分控制（proportional integral derivative，PID）等传统控制方法通常需要在具备发动机和汽车运动过程的近似线性模型的前提下进行控制器设计，因此在模型方面具有较高要求，且大多存在精度和适应性不足等问题。智能汽车所应用的智能控制策略主要涉及模糊控制、神经网络控制和滚动时域优化控制等内容，就目前来看，这些智能控制策略已经被广泛应用到智能汽车的纵向控制当中，且具有良好的应用效果。

现阶段，汽车行业应进一步提高电机—发动机—传动、制动过程和汽车运动模型的精准度和便捷性，并将能够适应汽车性能变化和在随机扰动中保持稳定的控制器作为研究重点。

就目前来看，大多数汽车中装配的巡航系统和防碰撞系统等应用系统均为自主系统，需要利用车载传感器来采集各项用于控制的信息，但却未能充分利用 V2X

信息，而处于智能交通环境中的车辆可以借助 V2X 通信信息系统采集大量控制所需的交通流信息。与此同时，智能车辆也可以广泛采集并应用自身和周边车辆的位置信息、前方道路情况、前车操纵状态等相关信息，借助这些信息进行预测控制，进而通过纵向控制的方式来确保车辆能够在加快车速和缩小车距的同时保证行车安全，提高行车的安全性、高效性和节能性。

3.1.5　智能车辆控制的技术方案

自动驾驶控制技术可以按照从驾驶环境到驾驶动作的映射过程不同划分成间接控制和直接控制两种类型。

（1）基于规划 - 跟踪的间接控制方法

间接控制指的是一种基于规划 - 跟踪的主流自动驾驶车辆控制方法。具体来说，基于规划 - 跟踪的间接控制可以在完全符合车辆运动学和动力学的各项相关条件的前提下针对车辆的实际需求进行运动轨迹规划，同时充分确保该轨迹的可行性、可控性和安全性，并利用相应的控制律对目标轨迹进行跟踪，进而达到提高车辆的自主驾驶能力的效果。具体来说，基于规划 - 跟踪的间接控制结构原理如图 3-7 所示。

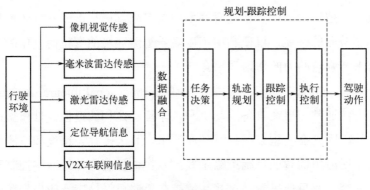

图 3-7　基于规划 - 跟踪的间接控制结构原理

20 世纪 80 年代，机器人领域的路径规划方法逐渐被应用到智能汽车领域当中，因此当时的大部分车辆所应用的路径规划方法都来源于机器人研究领域。基于机器人路径规划技术的路径规划方法所设计的行驶路径主要包含直线和圆弧线两项元素，但线与线之间的连接点的曲率并不连续，因此车辆在行驶到该位置时必须先停车再转向，导致车辆的整个运动过程出现断断续续的问题。为了提高车辆运动过程的连续性，汽车可以通过利用精度较高的位置传感器和高频跟踪控制器或更换轨迹规划方法的方式，规划出平滑度和曲率连续性较高的运动轨迹。

（2）基于人工智能的直接控制方法

直接控制指的是一种基于人工智能的自动驾驶车辆自主控制决策方法。具体来说，基于人工智能的直接控制方法可以在已经掌握控制对象特性和环境状态的情况下，构建精准的数学模型，并利用该模型来充分发挥传统控制策略的控制作用，强化自身的控制性能。

从本质上来看，行驶道路、周边交通和气象条件等都属于影响汽车行驶情况的行驶环境因素，且均具备不确定性强、不可重复性强以及不可预测和不可穷尽等特点。与此同时，车辆自身通常也具备较强的不确定性和非线性特征，无法构建能够有效应用于控制律设计的数学模型，因此自动驾驶控制领域正在逐步淘汰传统的控制策略。

基于人工智能的自动驾驶直接控制方法可以对从行驶环境到驾驶动作的整个过程进行映射，并在认知范围内构建相应的驾驶员模型，利用该模型对各个复杂的驾驶过程进行处理，从而在不针对被控对象构建数学模型的情况下，强化自动驾驶车辆控制的机动性和实时性。基于人工智能的直接控制原理如图 3-8 所示。

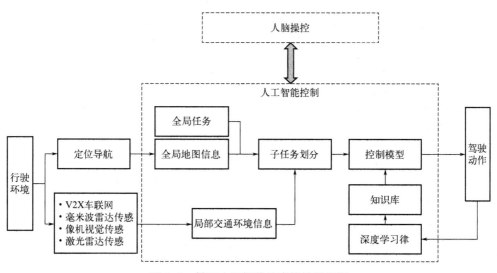

图 3-8 基于人工智能的直接控制原理

汽车驾驶操作能力较强的驾驶员既能及时发现车辆内外的环境变化，也能利用环境变化信息找出正确方位并做出相应的处理，进而降低交通事故的发生率。在实际行驶场景中，汽车驾驶员在转向操作时还应掌握以下要领：

① 具备正确的视觉注意机制，驾驶员在控制汽车转向时的视界应趋向于一些习惯的固定区域。

② 具备针对自身所观察到的环境信息来采取安全正确的驾驶动作的能力，驾驶员在驾驶汽车经过固定曲率的弯道时应以合适的方式组合转向盘转角和转向盘转动时刻，以便获得最佳转向效果。

从本质上来看，融合了人工智能技术的决策控制模型具有十分强大的模拟能力，能够模拟人脑对外界环境信息和车体信息的感知情况，并借助在线学习机制和驾驶员的驾驶经验来实现持续稳定输出。由此可见，汽车行业应探索构建可用的驾驶过程模型的有效方法。

20 世纪 50 年代，汽车研发人员开始研究汽车驾驶员的行为，试图通过对其行为的深入研究找出能够减少交通事故和提高驾乘舒适度的辅助控制策略。在实际操作中，汽车研发人员需要利用统计分析技术和系统辨识技术来处理驾驶员驾驶样本数据，为相关场景构建相应的数学模型，对于一些复杂度较高的模型，也可以将其分门别类地划分成跟车模型、转向模型、安全模型和驾驶负担模型等不同的类型。

3.2 自动驾驶路径跟踪的控制方法

3.2.1 经典控制方法

经典控制理论的主要研究对象是"单输入 - 单输出"的自动控制系统，尤其是线性定常系统，其数学基础主要是拉氏变换。该方法主要是把描述系统的差分方程或微分方程换到复数域里，得出相应的传递函数，将其作为基础在频率域中设计与分析系统，以此确定控制器的参数和结构，并通过反馈控制形成闭环控制系统。

经典控制方法涵盖多种分析方法，譬如频率响应法、根轨迹法、时域分析法等，如图 3-9 所示。以上方法都基于 LTI（linear and time-invariant，线性等时不变）系统，对于控制的实时性要求比较严苛。

（1）频率响应法

作为控制系统分析方法，频率响应法是基于传递函数的一种工程方法，它可以

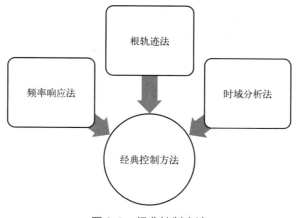

图 3-9　经典控制方法

通过相关特性图形，较为直观地对系统的闭环响应进行判断与分析，同时它还可以找出破坏系统性能的相关环节以及参数，并进行反馈以优化系统功能。该方法既能够分析以机理模型为基础的系统性能，还能够分析源自实验数据的系统。与根轨迹法相同，它也是图解法，通常使用的是伯德（Bode）图与奈奎斯特（Nyquist）图。其主要特点如下：

① 该方法除线性定常系统以外，也适用于部分非线性系统的分析，同时传递函数不是有理数的纯滞后系统也可以使用这种方法；

② 该方法计算较少，分析时形象直观，这是因为其主要是利用开环频率特性的图形来分析系统；

③ 该方法适合于工程上的应用，因为频率特性不单单受前述传递函数限制，还可以通过实验方法来确定，相较于不便列微分方程式的系统和元部件来说，更适合工程使用。

（2）根轨迹法

控制理论中比较重要的一种方法是根轨迹法，它主要是依靠控制系统处于纯惯性环节上的传递函数的零点与极点在复平面上的轨迹来分析判断系统性质，能够对控制系统的稳定性和动态响应进行较好的分析与设计。

该方法的核心部分是根轨迹图，它主要展示的是控制系统的极点因参数变化而进行运动的轨迹，可以直观呈现控制系统的稳定性、校正能力动态响应。因为它需要绘制系统的极点轨迹，所以在绘制前要先确定系统的传递函数。

绘制好极点的轨迹图之后，根据其位置与形状能够获取控制系统的关键信息。首先可以据其判断系统稳定性，若极点轨迹都处于左半平面，那么系统稳定性高；若极点轨迹皆在右半平面，那么系统的稳定性较差。根轨迹图还有助于系统的校正设计，可以根据变换控制器参数，令极点轨迹通过期望的位置，以此完成系统校正。系统的动态响应速度与稳定裕度也可以据此判断。若极点轨迹靠近虚轴，则说明动态响应较快，稳定裕度较小；反之，离虚轴较远则说明响应较慢，稳定裕度较大。

（3）时域分析法

作为在时间域里分析和校正系统的方法，时域分析法不仅直观，而且准确，能够呈现系统关于时间的所有信息。不过时域分析法亦有其弊端，那就是在应对系统校正设计以及研究性能指标变化趋势等问题时极为不便。

通常情况下，时域分析法所用到的输入信号有单位脉冲信号、单位斜坡信号、单位阶跃信号以及等加速度信号，其中最为重要的是阶跃信号。通常来讲，阶跃信号输入对系统而言是最恶劣的工作条件，所以一旦系统可以在阶跃信号状态下符合动态性能相关要求，那么在剩余各种形式的函数作用下，其动态性能也会很好。所以只有依据单位阶跃响应才能够定义系统的动态性能指标。时域分析法的主要优势如表 3-1 所示。

表3-1　时域分析法的主要优势

主要优势	具体体现
适用性强	作为现代系统分析模型，时域分析法能够用于电气、计算机以及机械等诸多类型的系统
灵活性高	能够按照系统的不同要求来对模型进行灵活调整，使其更加符合系统本身特性
准确度高	能够准确分析系统的时变特性，因为它是基于数学来描述系统，所以对系统动态特性的分析更为精准
解决复杂的非线性系统	能够以数学方程式来描述复杂的非线性系统，由此来研究其参数与特征

3.2.2　最优控制方法

最优控制方法是在众多的实际问题解决过程中找到的一种综合方法，是现代控制理论的核心之一。最优控制是指令控制系统的各项性能指标达到最优的基本条件，主要研究的是对于动力学系统或运动过程，要从多个控制方案中选择一个最优的方案，使得系统运动过程中各项性能指标达到最优。

该方法属于最优化方法的应用，在数学中，最优化方法通常就是求极值，也就是在不等式或等式中求得目标函数的最小或最大值；在经济学中，通常是指在某种资源（人力、物力或财力等）条件下，得到最大的经济效益，也指在一定的生产任务条件下，使用最少的人力、物力以及财力等资源。

通常情况下，实现最优控制所用到的主要方法是古典变分法、最小值原理与动态规划，如图 3-10 所示。

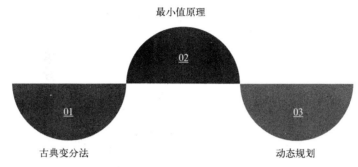

图 3-10 最优控制方法

（1）古典变分法

要了解古典变分法，首先要熟悉变分法，它是对泛函求导数，解决泛函极值的一种方法。变分法作为解决最优控制问题的主要方法，其基本原理至关重要，掌握了这一原理，可以更好地理解最优控制理论的基本思想，还能够更好地理解下文将要谈到的最小值原理以及动态规划。

古典变分法是变分法发展过程中的一个阶段，其主要适用的条件是控制向量 u (t) 完全没有限制，可以充满 m 维控制空间，唯有这种情况下，使用此方法解决控制问题才是有效的。实际上，古典变分法对于很多关键的最优控制问题都是不适用的，因为在很多情况下，控制函数的取值都会受限，例如电动机的力矩一定要在正负的最大值范围里产生，方向舵的转动也要控制在极值范围内才行，所以遇到这些条件时，古典变分法便无法解决相关问题。

（2）最小值原理

因为古典变分法在解决问题上会有前文所述的弊端，所以需要新的方法进行求解，极小值原理就这样应运而生了。作为古典变分法的扩展，极小值原理在一定程度上弥补了前者的缺失，也就是在控制向量 u (t) 有约束，汉密尔顿函数 H 对 u 不可微的情况下，可以用此原理。在用这一方法求解最短时间控制问题时，要注意时间控制量以及最少燃料控制量的取值。值得注意的是，用极小值原理求得的最优控制的必要条件与使用变分法求得的条件只有一个不同，就是汉密尔顿函数在最优控制上取值的条件替代，由此可见，变分法可以视作极小值原理的特殊情形。边界条件、横截条件以及正则方程等其他条件均如此。

（3）动态规划

动态规划是求解最优控制问题的又一个关键方法，亦称多级决策理论，是由美国数学家理查德·贝尔曼（Richard Bellman）等人提出的最优化原理，属于非线性规划方法。它是通过逆向递推来求解的，会把某个多级决策问题转换成一系列的单级决策问题，由终极状态到初始状态，由此来得到最优决策。该原理简洁明晰，适用范围较广，不少理论问题都可以用其解决，计算机求解也同样适用。

在具体应用这一方法时，一定要注意系统的状态变量的选取，需满足"无后效性"这一前提条件，也就是说，若已知某一阶段过程的状态，那么自此阶段之后过程的发展变化只和这一阶段的状态有关，而与之前的阶段所经历过的状态无关。

3.2.3 鲁棒控制方法

鲁棒控制方法是纠正、调节系统的重要方法，目前自动控制技术中反馈理论尤为重要，该理论主要包含测量、比较与执行，其中比较重要的是通过测量发现误差并进行系统纠正，这时鲁棒控制的重要性就显现出来了。

（1）鲁棒控制的基本概念

20世纪50年代，鲁棒控制（robust control）的研究开始出现，21世纪以来，鲁棒控制始终受到关注，在世界自控界的研究热度居高不下。鲁棒性主要是指控制系统的健壮性，也就是系统在某一参数驱动下保持某些性能的特性。按照性能的区别，可分成性能鲁棒性与稳定鲁棒性两种。

现阶段，控制系统中普遍存在着模型的不确定性，这是因为系统会发生各类故障，而真实工业上的精确模型也是极不容易获得的，因为会有建模误差、外部干扰等问题出现。因此，鲁棒控制成为国际化的课题，研究人员正在努力研发固定控制器，使以上谈到的不确定性的对象达到控制品质。

鲁棒控制法主要是针对频率域和时间域而言的，通常需要假设其过程动态特性的变化范围及其信息。目前的控制器设计方法主要是现代鲁棒控制，其研究侧重点是控制算法的可靠性，目标是找寻实际环境里确保安全条件下控制系统要满足的最低要求，如果可以完成这一设计，这个控制器的参数不会改变，同时可以保证其控制性能。

（2）鲁棒控制的算法设计

鲁棒控制算法的主要设计思路是在确保系统稳健性的基础上，依照标准的控制方法来调节系统，是一种控制系统的调节手段，促进系统运行的准确性和稳定性。通常情况下，该方法会用于时变系统等不稳定的控制系统。

该算法之所以能够达成系统对于外部干扰以及参数变化的极强适应力，主要得益于"鲁棒性"，即系统遇到各类非正常情况时，依然可以稳定运行且确保准确。

该算法的设计和实现主要有以下几步：

① 明确控制对象的特征及其数学模型，确定好控制对象采样频率，固定好采样周期。

② 做好该设计的关键环节，即按照系统模型来设计控制器。设计时一定要深刻了解鲁棒控制器的主要系统模型 ❶，按照系统特性来匹配合适类型的控制器，同时调节好参数，保证系统的稳定性。

③ 运用模型预测控制技术等方法调节控制器参数。这一环节可以对参数进行进一步修正，使控制器更加吻合系统的性能。

④ 进行最终验证，检验控制器的性能鲁棒性和稳定鲁棒性。

在以上环节全部完成后，对系统进行实验与仿真的验证，并对二者进行比较。

综上所述，有了鲁棒控制算法的加持，系统对外界干扰以及参数变动的适应力增强，并且运行更加有保障。随着智能时代的到来，计算机能力也在不断攀升，未来该算法会有更广泛的应用，在电子电力、飞行控制等领域也将发挥更加深刻的影响，将是控制领域研究的热点课题。

3.2.4　模糊控制方法

模糊控制是模糊数学在自动控制领域的一项应用，属于非线性智能控制。它主要基于模糊集合、模糊逻辑以及模糊语言等理论，也被称为语言控制，这是由于其表现形式通常为"if+ 条件，then+ 结果"。这种控制方法主要是通过人的智力来控制客体，也就是运用熟练专家的知识和经验模糊地对系统进行控制，适用于不能够用严谨的数学模型表示的控制对象。其基本原理如图 3-11 所示。

---

❶ 主要系统模型有三种：PID 型、自适应型、模型参考自适应型。

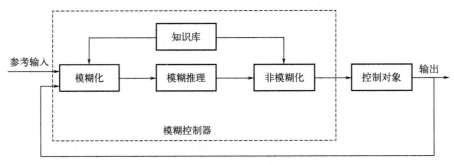

图 3-11　模糊控制系统原理框图

（1）模糊控制的主要特点

与其他控制方案相比，模糊控制主要有以下特点：

① 模糊控制系统具有较强的鲁棒性，对于时延系统、时变系统以及非线性系统极具适用性。

② 模糊系统控制方法相对简单。与其他需要传递函数与状态方程的方法相比，模糊控制作为语言变量控制器，只需运用语言变量进行形式定性表达。它会先总结熟练专家的知识或经验，之后对其进行提炼，形成规则，给出语言变量，再通过恰当的推理方法来控制和观察。

③ 模糊控制可以与其他运用数学模型的方案形成互补。因为模糊控制仅需要相关的知识经验和操作数据，所以非常适合结构参数不明或者无法确定数学模型的情形。

④ 模糊控制系统灵活性较强，因为它本身的语言控制规则都是独立的，所以能够根据各类观点设计与之匹配的目标函数，同时还能协调控制整个系统。

（2）模糊控制器的结构

精确量的模糊化、规则库和推理机以及模糊量的反模糊化是构成模糊控制器的三个部分，如图 3-12 所示。

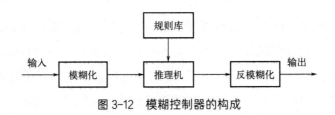

图 3-12　模糊控制器的构成

① 精确量的模糊化。模糊化是将精确量转换为模糊量的过程，这些清晰量在输入的过程中会按照分类确定其对应的隶属度。就温度来讲，输入时会按照度数高

低确定为很热、热、常温、冷、很冷。

② 规则库和推理机。将人的观察推理以语言表示形式呈现出来，便是模糊控制器的规则，其通常由 if…then…、and、or、else 等词连接。

规则库中的规则都是熟练专家或精通某领域的操作人员的知识和累积的经验，这个库里存放着所有的规则，在控制器工作时它可以给推理机提供相关规则。规则的多少与模糊子集密切相关，在精确量模糊化的过程中分得越细，规则越多，不过这并不能保证其准确度，因为结果是否准确还受到库中相关知识或经验的影响。

③ 反模糊化。以上两个步骤完成后需要把推理机得出的模糊量转换成精确量，也就是把模糊集合映射得到普通集合。这个过程用到的方法主要有加权平均法、最大隶属法以及重心法等。通过以上方法将模糊值输出为典型的、能驱动控制装置的精确值，而后完成输出。

3.2.5　自适应控制方法

自适应控制主要是指当系统发生某些不可预测的变化时，可以通过该项控制调节系统，使其以最优的状态继续运行。自适应控制系统要想达成理想的控制效果，就需要在运行时一直监测并获取系统的各项参数，如输入输出参数、状态参数等，以此来熟悉了解控制对象，在变化产生时依据所得到的参数等信息设计方法，作出决策来修正参数或结构等，使系统不受变化影响继续平稳运行。

当前自适应控制发展较为成熟的类型主要有以下几种。

（1）可变增益自适应控制系统

可变增益自适应控制系统的应用范围较广，优势也很明显，即响应快速、结构简单，如图 3-13 所示。图中的调节器在设计时主要考虑到参数的变化规律，即在控制对象参数产生变化时，利用获取到的变量进行计算，而后通过相关程序修正调节器的增益，以期达到系统平稳运行的目标。对于变构系统以及非线性校正装置这类调节器自身对参数变化感知不敏锐的系统，也适合采用此种方案。

（2）模型参考自适应控制系统

模型参考自适应控制系统主要有被控对象、参考模型、控制器和自适应机构等构成，如图 3-14 所示。

这一控制系统最为关键的部分就是自适应机构，设计好它所遵循的算法就能够轻松综合自适应调整律。目前主要有两种自适应调整律的设计方法，一种

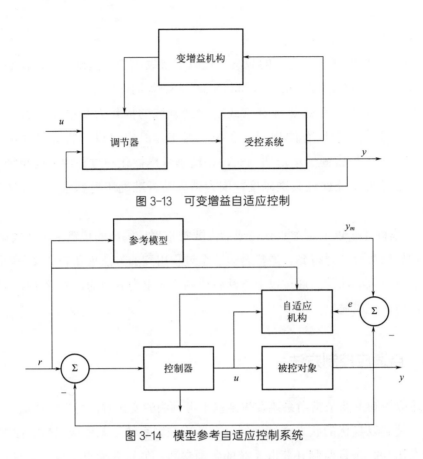

图 3-13   可变增益自适应控制

图 3-14   模型参考自适应控制系统

是以稳定性理论为基础，也就是在确保参数自适应调节过程的稳定性的前提下，尽力加快过程的收敛；另一种方法是局部参数的最优化，通过一些参数优化的递推算法来求取参数，使得预定的性能指标达到最小。但第二种方法的弊端就是不能保证系统的稳定性，所以在自适应调整律的设计上一般采用的都是前一种方法。

之所以第一种方法更加适用，是因为非线性系统的稳定理论与非线性的自适应控制系统的适配性很高。李雅普诺夫（Lyapunov）稳定性理论与波波夫（Popov）超稳定性理论都非常适用于设计自适应调整律。正因为系统稳定之于闭环控制系统的重要性，第一种方法受到了更多关注。

（3）自校正调节器（self-tuning regulator，简称 STR）

自校正调节器可以对系统或控制器参数进行在线预估，能够实时辨识控制对象的数学模型，也就是增加了针对于对象参数的递推估计器。因为这个估计器无法为调节器服务，所以调节器参数也需相关的参数估计器和设计机构，这样自适应控制系统才完整，如图 3-15 所示。

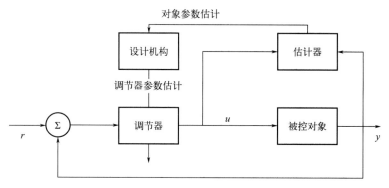

图 3-15 自校正调节器（STR）的结构图

通过观察结构图可以从另一个角度来理解自校正调节器，那就是将其视作内环与外环两个环路组成的调节器，其中内环由被控对象和线性反馈调节器构成，外环由设计机构和参数估计器构成。之所以将这种控制器称为自校正调节器，是为了突出调节器自己校正参数的功能，且其真正能够做到自主进行过程建模和控制设计，同时能够保证同步更新采样周期。

（4）自寻最优控制系统

自寻最优控制系统最早被称为极值控制系统，是指能够进行自动搜索并且系统输出始终处于极值状态的控制系统。其被控对象具有非线性，也就是说该系统"输入-输出"特性中至少存在一个可以代表最优运行状态的极值点或者其他非线性特征。在极值特性不变的情况下，可以自动搜寻工作最优点，可通过常规控制保持其最优的工作状态。

值得注意的是，极值特性是漂移的，所以一些工业对象上使用它时会存在漂移情况，这时便不能够使用常规的控制策略，可以使用自寻最优控制策略来替代。

3.2.6 模型预测控制方法

模型预测算法的基本原理是预测模型、滚动优化以及反馈校正，其在不同领域的算法应用上会有一些差别。该算法起源于欧美等国家，最初用于工业领域的优化控制，后来随着其不断发展，理论也更加完善，现已成为工业领域内常用的经典算法。目前模型预测算法已在多个领域进行使用，例如智能控制领域、工业领域等。

（1）预测模型

模型预测控制是基于预测模型开展的，其中预测模型可以是阶跃响应模型、脉冲响应模型等，还可以是传递函数、状态空间方程，总之不受形式限制。它可以利用被控平台提供的系统状态信息和未来的控制输入变量来预测被控平台未来的状态，比较适用于车辆方向的状态空间模型控制选择等，能够按照被控对象的预测要求选取与之匹配的预测模型。

（2）滚动优化

不同于离散最优控制算法，滚动优化会随着采样时刻的推进，不断地进行优化计算，从而得到每一时刻的最优性能指标，即优化过程是一步步滚动进行的，而不是仅使用一个不变的最优目标。该算法采用的是滚动式有限时域优化策略，也就是说其计算得出的最优解仅限于当前时段，在下一采样时刻会被新的计算结果所替代。

这一策略以实际的计算结果为基础来确立新的优化目标，既能够减少对实际不确定性的影响，也可以削弱未来有限时域内理想优化的影响，是比最优控制更为有效且更加实际的控制方法。

（3）反馈校正

在模型预测控制中，利用预测模型得到输出值是一种理想状态，事实上，在实际的动态系统控制中，干扰、噪声、模型失配以及时变等不确定因素很多，难免会导致预测不那么准确，那么是否可以根据反馈在某种程度上来减少这种预测的不准确性呢？在这种情况下，反馈校正方法出现了。

反馈校正主要是通过模型预测的误差来修正模型的预测值，进而得到准测度更高的预测输出值，有了这种模型加反馈的校正过程，可以很大程度上提高预测控制的抗干扰能力，也能增强其应对系统不稳定性的能力。经过这种输出修正，滚动优化形成了既依靠模型又利用反馈信息的闭环优化控制方法。

模型预测控制器主要由被控车辆、状态估计和 MPC 控制器构成，其原理框图如图 3-16 所示。

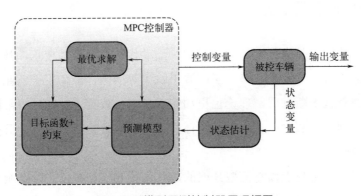

图 3-16　模型预测控制器原理框图

　　结合框图来看，MPC 控制器将"预测模型"与"目标函数＋约束"相结合，以此进行最优求解，而后将得出的结果传输至被控平台。当被控平台收到指令后会把当前的观测值传给状态估计器。在这个过程中，状态估计器会对地面附着系数等无法直接观测的状态量进行估计，而后传输给 MPC 控制器进行再次循环，求得下一时刻的控制变量。如此往复，最终形成完整的控制过程。

第 **4** 章

执行控制技术

4.1 智能网联汽车的线控底盘技术

4.1.1 线控转向系统

线控转向（steering by wire，SBW）系统能够支持智能网联汽车实现自主转向、路径跟踪和避障避险等功能，良好的 SBW 系统能够为汽车自如地控制各项安全系统措施提供方便，优化驾驶员和乘客的驾乘体验。

线控转向系统中没有装配传统的机械转向装置，也没有在转向盘和转向轮中间建立机械连接，因此装配了线控转向系统的智能网联汽车大多具有车体重量轻、噪声小、隔振能力强和无路面冲击等优势。

（1）线控转向系统结构

线控转向系统主要包括转向盘模块、转向执行模块、电子控制单元（electronic control unit，ECU）、自动防故障系统和电源系统等多个组成部分，其中，转向盘模块、转向执行模块和 ECU 是系统的主体部分，其他各个系统和相关设备均为辅助模块。线控转向系统组成结构如图 4-1 所示。

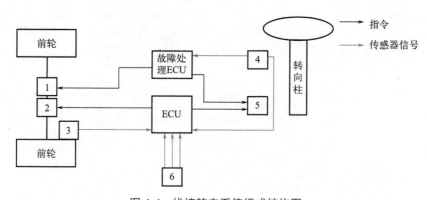

图 4-1　线控转向系统组成结构图

1—故障执行电机；2—转向执行电机；3—转速传感器；4—转角传感器；
5—转矩电机；6—车速传感器、车身高度传感器、加速度传感器

转向盘模块通常由转向盘、转向盘转角传感器和转矩电机三部分构成，能够利用传感器来感知驾驶员的转向意图，获取转向盘转角信息并将其转化为电信号传输到主控制器当中，不仅如此，转向盘模块还能接收来自 ECU 的力矩信号，并在此基础上生成转向盘回正力矩，进而及时将路感信号传递给车辆驾驶员，为驾驶员控制汽车转向提供方便。

转向执行模块通常由转角传感器、转向执行电机、转向电机控制器和前轮转向

组件等多种相关设备组成，能够获取来源于 ECU 的指令信号，并控制转向电机按照驾驶员的转向要求来完成前轮转。

- ECU 具有信号分析、车辆运动状态判断、发送命令、电机控制等功能，能够借助命令来操控转矩电机和转向执行电机，实现对车辆航向角和转向盘回正力矩的有效控制，进而达到优化驾驶员的驾车体验的目的。

- 电源系统能够为汽车线控转向系统中的控制器和执行电机等设备供电，为处于大负荷环境中的电网提供支持，充分确保电网工作的稳定性。

- 自动防故障系统能够利用冗余部件来提高线控转向系统的安全性和可靠性，合理规避由线控系统故障所造成的风险。

线控转向系统中融合了多种监控和实时算法，能够根据所发生的故障的实际情况制定具有针对性的解决方案，进而为汽车稳定行驶提供支持。具体来说，线控转向系统能够及时发现 ECU 和转向执行电机等设备中存在的问题，并在 ECU 和转向执行电机等设备失效的情况下利用故障执行电机来控制汽车的行驶方向，确保汽车行驶过程中的安全性。

（2）线控转向系统工作原理

从工作原理上来看，线控转向系统中的转向盘转矩传感器和转向角传感器能够动态感知转向盘的转角和驾驶员的转矩等信息并将这些信息转化成电信号传输到 ECU 当中，汽车中装配的车速传感器和角位移传感器等其他传感器也会广泛采集车辆运动信号并传输到 ECU 当中，以便 ECU 根据这些信号来对转矩反馈电动机转向进行有效控制，同时利用转向力模拟的方式完成反馈转矩工作，并实现对转向电机的转向、转矩和转角的控制，系统中的各个机械转向装置也能通过对转向轮的控制来实现对车辆转向的控制，进而达到控制车辆按规划路线行驶的目的。线控转向系统工作原理如图 4-2 所示。

4.1.2 线控驱动系统

线控驱动系统（drive by wire，DBW）也称作"线控节气门"或"电控节气门"，是智能网联汽车的重要组成部分，也是支撑智能网联汽车实现自动驾驶的硬件基础。

从线控驱动系统的作用原理上来看，发动机与线束相连，能够取代拉索、拉杆等设备发挥作用，位于节气门两侧的驱动电动机能够根据车辆行驶信息实现对气缸中的油气混合物的精准调控，进而达到调节节气门开度和优化发动机燃烧状况的效

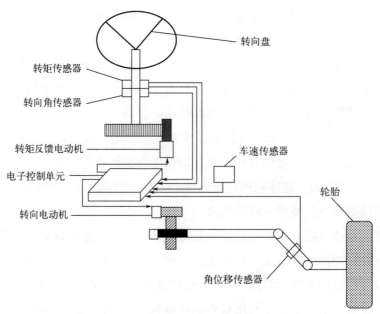

图 4-2   线控转向系统工作原理图

果，进一步提升智能网联汽车的经济性和动力性。不仅如此，线控驱动系统的应用还能够为汽车实现定速巡航和自适应巡航等功能提供支持，丰富智能网联汽车的功能。

现阶段，智能网联汽车中所应用的线控驱动系统主要包括两大类，一种是传统汽车线控驱动系统，另一种是电动汽车线控驱动系统。

（1）传统汽车线控驱动系统结构及原理

为了实现线控驱动，传统汽车需要提高加速踏板控制的自动化程度。一般来说，线控油门系统中包含数据总线、加速踏板、伺服电动机、电子控制单元（electronic control unit，ECU）、加速踏板执行机构、加速踏板位置传感器等多个组成部分。

就目前来看，智能网联汽车的线控驱动系统不再使用机械机构来连接加速踏板和节气门，而是通过装配在加速踏板上的传感器来获取踏板的绝对位移数据。ECU 可以在得出最佳节气门开度的基础上利用相关指令信息和电机来控制节气门开度始终维持在最佳状态。传统汽车线控驱动系统控制原理如图 4-3 所示。

对传统汽车来说，线控驱动系统的应用主要涉及以下两项内容：

① 在线控驱动系统的作用下，加速踏板处所装配的执行机构能够模拟驾驶员踩踏加速踏板，汽车中的闭环负反馈控制系统能够在以目标车速信号为输入的前提

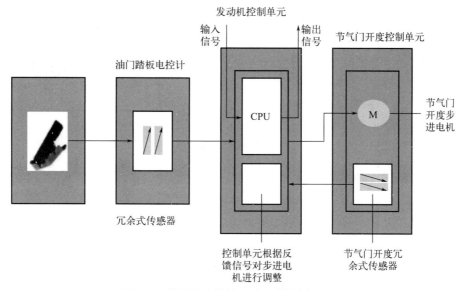

图 4-3 传统汽车线控驱动系统控制原理图

下输出实际车速。传统汽车中的线控驱动系统可以利用控制系统对各项相关数据信息进行计算分析，并在此基础上实现对执行机构的有效控制。

② 线控驱动系统能够接管节气门控制单元加速踏板的位置信号，也能通过在控制系统中输入目标车速信号的方式来反馈实际车速，同时利用控制系统获取加速踏板位置信号，并将这些信号传输到节气门控制单元当中。

现阶段，博世、大陆、日立等国外企业和联电、宁波高发、奥联电子、凯众股份等国内企业均对汽车线控驱动系统的生产制造有所涉猎，但线控驱动系统中的电喷执行机构和 ECU 等关键技术仍旧由部分大型国际零部件企业所掌控，国内的相关零部件生产制造企业难以广泛参与到全球线控驱动系统产业当中，因此我国还需进一步加大对线控驱动系统的研究力度，推动线控驱动系统实现国产化。

（2）电动汽车线控驱动系统结构及原理

电动汽车整车控制单元（vehicle control unit，VCU）主要用于接收车速信号、加速度信号、加速踏板位移信号等信息，同时利用这些信息计算转矩需求，并将基于计算结果的转矩指令传输到电机控制单元（motor control unit，MCU）当中，实现对电机转矩的有效控制，进而达到利用 VCU 速度控制接口来进行线控驱动控制的目的。由此可见，与传统汽车相比，电动汽车在线控驱动方面具有更大的优势，能够实现更多线控驱动功能。电动汽车线控驱动系统控制原理图如图 4-4 所示。

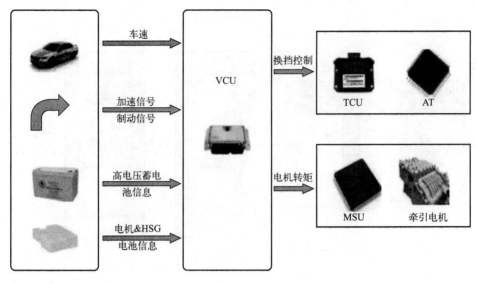

图 4-4　电动汽车线控驱动系统控制原理图

4.1.3　线控制动系统

线控制动系统（brake by wire，BBW）能够利用装配在踏板处的位置传感器或总线指令来获取车辆驾驶员或上位机的制动意图信息，同时生成相应的电控信号，并通过将这些电控信号传输到控制系统中的方式实现对执行机构的有效控制，进而达到操控汽车完成制动操作的目的，不仅如此，还可以利用相关算法来对驾驶员踩踏制动踏板进行模拟，并向驾驶员反馈模拟结果。传统制动系统与线控制动系统的区别如图 4-5 所示。

线控制动系统通常利用控制器来进行系统控制。具体来说，控制器具有可靠性、容错性和抗干扰性等特性，且能够支持各个控制系统进行实时通信和交互，影响车辆的制动控制和驾驶员的操作判断。由此可见，线控制动系统的更新迭代和系统匹配需要较大的时间成本，而时间问题也在一定程度上限制了线控制动技术的应用广度。

电子制动系统（electronically brake system，EBS）融合了防抱死系统（antilock brake system，ABS）和车身电子稳定系统（electronic stability program，ESP），能够以电子控制的方式取代原有的机械系统控制完成汽车制动操作，目前 EBS 已经

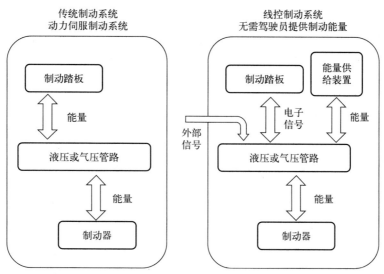

图 4-5 传统制动系统与线控制动系统的区别

应用到各种乘用车和商用车当中，为汽车驾驶员的汽车制动操作提供了许多方便。EBS 能够有效压缩汽车制动系统的响应时间和建压时间，提高整车电子制动力分配与主、挂车控制的一致性，进而大幅缩短车辆的制动距离，并达到强化智能网联汽车的整体制动性能的目的。

从工作原理上来看，线控制动系统主要包括液压式线控制动（electronic hydraulic brake，EHB）和机械式线控制动（electronic mechanical brake，EMB）两大类。EMB 和 EHB 系统的区别如图 4-6 所示。

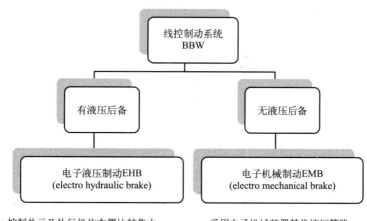

图 4-6 EMB 和 EHB 系统的区别

（1）液压式线控制动 EHB

EHB 是一种具有制动响应速度快、制动压力上升梯度大、在 ABS 工作时可提高制动踏板的稳定性以及能够集成 ABS、ESP 和牵引力控制系统（traction control system，TCS）中的各项功能等优势的线控制动系统，能够应用于混合动力汽车和电动汽车当中，在汽车制动时发挥重要作用。

EHB 可以看作经过升级迭代的液压制动系统，可以在传统液压制动系统的基础上利用制动液来传递动力，同时利用电机和电子器件来代替部分机械部件，综合运用电子系统和液压系统进行车辆制动控制，打造出一个集机、电、液于一体的汽车制动系统，并整合控制单元和执行机构，进而凭借对助力电机旋转的有效控制来进行制动压力建压，通过对制动管路压力的调控来利用制动器控制智能网联汽车完成制动操作。

（2）电子机械制动 EMB

EMB 采用了全新的设计理念，不再使用传统制动系统中的制动液和液压管理等工具，而是利用电机产生的驱动力来驱动装配在车轮上的电子机械制动器发挥作用。具体来说，EMB 中包含 ECU、传感器和机械制动器等多个组成部分，EMB 结构图如图 4-7 所示。

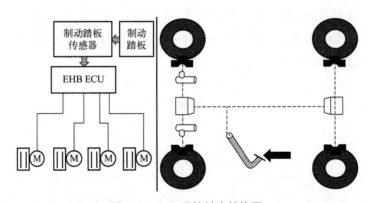

图 4-7　EMB 系统基本结构图

EMB 具有结构复杂度低、结构紧密度高、制动零部件数量少、系统重量较轻等特点，且制动系统便于布置、装配和维修，能够避免使用制动液，同时也具有更好的汽车底盘使用环境、工作环境和维修环境。

智能网联汽车的线控制动系统可以控制 EMB 控制器输出相应的控制信号，进而实现对各个车轮的制动力矩的有效控制。从作用原理上来看，智能网联汽车的车轮上均装配有由电机、减速机构和推出机构构成的电子机械制动器，能够利用

EMB 制动器对电子机械制动器中的电机电流进行控制，并在此基础上通过夹紧刹车片的方式来为汽车制动提供摩擦力。

电子机械制动器在 EMB 中发挥着十分重要的作用，具体来说，EMB 可以借助电子机械制动器来调控输出电流的大小和方向，并通过对电流的控制实现对执行电机的力矩和运动方向的调整，同时以制动钳块开合来代替电机旋转运动，利用控制算法补偿等方式来解决摩擦片磨损带来的制动间隙变化问题，充分确保制动的有效性。

EMB 摒弃了液压驱动的汽车制动方式，因此具有响应速度快、工作稳定性强、可靠性高等优势，但同时也存在缺乏备用制动系统的不足之处，因此在工作可靠性和容错性方面有着极高的要求。除此之外，EMB 还可以利用电控信号来控制电机驱动，进而达到提高制动系统响应速度的效果，同时也能通过共享传感器信号和集成制动系统和其他相关模块的各项功能的方式来全方位控制汽车的各类行驶工况，充分确保汽车在行驶过程中的安全性。

综上所述，EHB 具有备用制动系统，具有较高的安全性和接受度，因此汽车行业正在积极推广应用 EHB；EMB 缺乏备用制动系统和技术支撑，因此即便具备许多优势也难以大范围应用，汽车行业未来还需进一步加强对 EMB 的研究。

4.1.4 线控悬架系统

线控悬架（suspension by wire）系统即主动悬架系统，具有缓冲振动和确保行车稳定性等功能，能够强化汽车的操控性能，优化驾乘人员的驾驶感受和乘车体验，在智能网联汽车中发挥着十分重要的作用。

1980 年，美国的博士（BOSE）公司开发出一款电磁主动悬架系统；1984 年，电控空气悬架面世，福特公司成为全球首个将可调整线控空气悬架系统应用到汽车当中的车企，林肯汽车也成为全球首辆应用了可调整线控空气悬架系统的汽车。

现阶段，汽车行业的各个企业纷纷将线控悬架系统应用到汽车当中。例如，宝马集团在宝马汽车中应用了"魔毯"悬架系统；美国通用汽车在凯迪拉克汽车中应用了 MRC 主动电磁悬架系统和自适应空气悬架系统；梅赛德斯 - 奔驰在奔驰新一代 S 级汽车中应用了具有环境感知和参数自动调节等功能的 MAGIC BODY CONTROL 线控悬架系统（如图 4-8 所示），让车辆能够精准感知道路状况，同时也为车辆根据道路状况、汽车载荷和车速等实际情况自动调节车身高度、悬架刚度、减振器阻尼系数等参数提供支持。

图 4-8　MAGIC BODY CONTROL 线控悬架系统

从结构上来看，线控悬架系统中主要包括传感器、ECU、模式选择开关和执行机构等设备。典型线控悬架系统工作原理如图 4-9 所示。

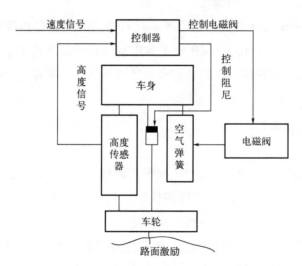

图 4-9　典型线控悬架系统工作原理示意图

线控悬架系统中的传感器可分为加速度传感器、高度传感器、速度传感器和转角传感器等多种类型，这些传感器能够精准感知路况、启动、车速、加速、转向、制动等车辆行驶相关信息，并将这些信息转化成电信号进行分析和处理，再将经过处理的电信号传递给 ECU。

线控悬架系统中的空气弹簧可以接收来自 ECU 的信号，并快速据此做出反应，精准调节电磁阀设定气压以及气缸内部的气体质量和气体压力等相关参量，以便系统将车身高度、减振器阻尼和车身弹簧刚度调整到合适状态。除此之外，汽车的线控悬架系统中还具有由执行器、阻尼器、电磁阀、气泵电动机和步进电动机等多种设备构成的执行机构，能够充分落实各项汽车控制相关工作。

线控悬架系统中的 ECU 具有汽车控制功能，能够有效控制减振器阻尼以及空气弹簧的长度和刚度等内容，为汽车的安全稳定行驶提供支持。线控悬架系统 ECU 控制示意图如图 4-10 所示。

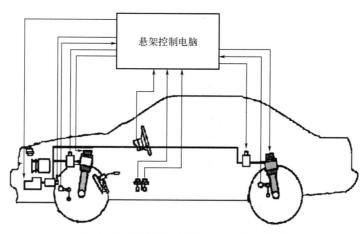

图 4-10　线控悬架系统 ECU 控制示意图

线控悬架系统中的 ECU 可以通过对弹簧刚度和减振器阻尼的有效控制来提高车辆的安全性和稳定性，确保汽车在各种工况下都能安全稳定行驶。一般来说，ECU 主要面临防侧倾控制、防点头控制、防下蹲控制、高车速控制和不平整路面控制等多种工况，典型线控悬架系统工作原理如图 4-11 所示。

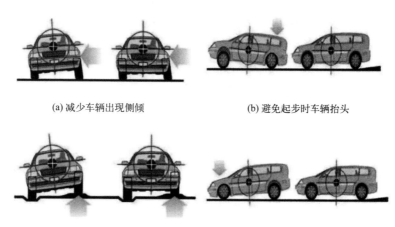

(a) 减少车辆出现侧倾　　　　　　　　(b) 避免起步时车辆抬头

(c) 不平路面吸收起伏颠簸　　　　　　(d) 避免刹车时出现点头

图 4-11　典型线控悬架系统工作原理示意图

动力 - 发电减振器（power-generating shock absorber，PGSA）是由 BOSE 公司开发的一款基于线性电动机电磁系统的电磁减振器。BOSE 公司通过在汽车的各个车轮上都装配 PGSA 的方式助力汽车线控悬架系统实现了对各个车轮的独立控制，并利用这些 PGSA 组建起车身独立悬挂系统。美国 BOSE 公司的动力 - 发电减振器 PGSA 如图 4-12 所示。

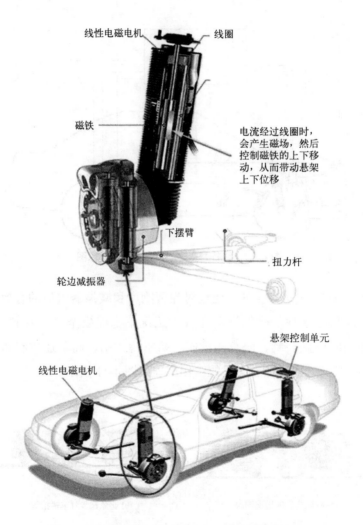

图 4-12　美国 BOSE 公司的动力 - 发电减振器 PGSA

从工作原理上来看，车身独立悬挂系统中的 BOSE 功率放大器能够放大各个车轮的调节控制信号，并对驱动电机的工作电流进行调节，以便电磁式线性电机根据实际需求调整悬架的状态。与此同时，在整车行驶工况下，车身独立悬挂系统还可以回收能量，利用来源于电机的电流来为电动车电池充电，提高电动汽车中的蓄电池的电力，强化电动汽车的续航能力，进而为纯电力驱动的新能源汽车的发展和应用提供驱动力。

线控悬架系统能够从汽车的实际工况出发对执行器进行控制，让执行器能够根据汽车的工况来调整弹簧刚度和减振器阻尼，充分确保汽车在行驶过程中的平顺性和在操纵方面的稳定性，从而为车辆驾乘人员提供更加舒适的体验。线控悬架系统的优点如表4-1所示。

表4-1 线控悬架系统的优点

序号	优点
1	刚度可调，可改善汽车转弯倾侧、制动前倾和加速抬头等情况
2	汽车载荷变化时，能自动维持车身高度不变
3	在颠簸路面行驶时，能自动改变底盘高度，提高汽车通过性
4	可抑制制动点头和加速抬头现象，充分利用车轮与地面的附着条件，加速制动过程，缩短制动距离
5	使车轮与地面保持良好的接触，提高车轮与地面的附着力，增加汽车抵抗侧滑的能力

线控悬架系统在结构上具有一定的复杂性，因此常出现一些难以规避的不足之处。具体来说，线控悬架系统的缺点如表4-2所示。

表4-2 线控悬架系统的缺点

序号	缺点
1	结构复杂，故障概率和频率远远高于传统悬架系统。由于线控悬架要求每个车轮悬架都有控制单元，得到路面数据后的优化处理算法难度非常大，容易造成调节过度或失效
2	采用空气作为调整底盘高度的"推进动力"，减振器的密封性要求非常高，若空气减振器出现漏气，则整个系统将处于"瘫痪"状态，而且频繁地调整底盘高度，有可能造成气泵系统局部过热，大大缩短气泵的使用寿命

4.2 智能网联汽车的车路协同技术

4.2.1 单车智能 VS 车路协同

随着网络通信技术、智能感知、大数据、云计算等技术不断发展成熟，越来越多的车企和相关技术企业投入到自动驾驶汽车的研发实践中。一些业内人士认为，单车智能不仅技术研发成本高，且难以应对在实际行驶中存在的复杂路况问题，经济性与安全性难以权衡，不易实现商业化落地。因此，部分公司另辟蹊径，认为可以通过车路协同技术来应对各种交通路况问题，以保障自动驾驶汽车行驶过程中的安全性。

（1）单车智能与车路协同的概念

下面我们首先需要明确"单车智能"和"车路协同"的概念。

① 单车智能。单车智能的基本思路是通过在车辆上配置激光雷达、传感器、摄像头等设备采集路况信息，并结合能够控制车辆运行、自动导航和避障的智能软件系统，赋予车辆自动驾驶能力。这一模式下，车辆是一个独立、智能的个体，不论是车辆控制还是交通情况分析或路况预测，都是通过车辆上的智能应用系统学习、计算、分析、判断独立完成的。

② 车路协同。车路协同更加侧重路端、云端与车辆的交互。通过车端感应、路端感应进行全时空动态交通信息采集（包括路、其他车和信号灯等信息），并依托于通信网络和云计算技术，将实时数据的计算和处理结果反馈车辆执行，从而实现车辆安全控制和道路协同管理。这种模式可以依靠云计算来填补车辆自身控制系统的算力缺陷，车辆系统算力的要求降低，有利于自动驾驶汽车的普及。

可以说，车路协同是车辆智能更进一步的发展形势，它在车辆智能自动控制的基础上，引入了依托于云计算的路、人、车动态交互信息数据，可以辅助系统作出科学判断，从而提升自动驾驶安全性。同时，需要业界共同制定相关标准或规范，打通自动驾驶汽车与车路协同单元的信息通道。另一方面，基于车路协同中"路端"的功能要求，需要对城市基建进行大量改造，因此企业需要与相关职能部门合作，辅助未来城市交通的建设与规划。

（2）车路协同的优势

车路协同作为智能交通的发展目标之一，有着多方面的优势。主要包括如图 4-13 所示的几点。

① 提升自动驾驶车辆的行车安全性。车辆在行驶过程中，驾驶员需要高度集中注意力，时刻观察周围路况，避免因未能及时反应而造成的不良后果。但有一个即使是经验丰富的驾驶员也难以处理的场景，即车辆附近且在视野盲区突然出现未知的障碍物，俗称"鬼探头"。

针对这一场景，智能单车在识别到危险后会自动降低车速，尽可能减少制动距离，但如果危险未被及时识别，仍存在隐患。另一个方法是利用感知跟踪算法，对

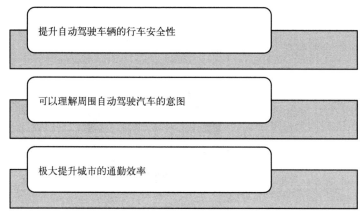

图 4-13　车路协同的优势

于目前在视野范围内但未来可能处于盲区中的目标进行"跟踪"，通过分析计算目标目前的位置、移动速度等信息，预测目标与车辆相遇的可能性或位置状态，以及时做出反应。但无论哪种方法，都不能完全规避风险。而在车路协同的模式中，协同路侧传感器，车辆可以通过云平台获得自身未能获取的障碍物信息，以辅助算法制定决策，从而提高了自动驾驶的安全性。

② 可以理解周围自动驾驶汽车的意图。车路协同的优势还体现在能够实现与附近自动驾驶汽车的信息交互。通过云平台的计算与统筹，在行驶中能够获取并判断周围自动驾驶汽车的行驶意图，如超车、加速、变道等，从而提前调整行驶状态。这不仅降低了车辆控制系统的计算难度，而且可以提升乘客的舒适感，提供良好的驾乘体验。

③ 极大提升城市的通勤效率。基于云平台与大数据对交通流量等动态信息的统筹与整合，可以根据行程时间和距离的最优比，为乘客合理规划行驶路线。同时通过交通调度算法，能够避免因多数车辆的线路选择过于集中而造成拥堵，并根据交通流量调整红绿灯时长，使车辆能够在既定路线上畅通行驶。

4.2.2　车路协同的问题与挑战

车路协同作为未来交通产业的发展趋势之一，需要多方面的技术支撑。现阶段车路协同技术才刚刚起步，还有许多亟待攻克的困难与问题，如图 4-14 所示。

（1）网络通信的延迟问题

流畅的网络通信是实现车路协同的基础条件之一。目前，车路协同运用的底层通信技术主要有 DSRC（一种专用短程通信技术）和 C-V2X（一种基于 4G/5G 等

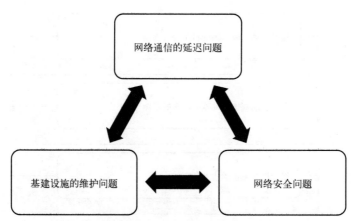

图 4-14　车路协同面临的挑战

蜂窝网通信技术演进的车用无线通信技术）。时延和信号不稳定是在网络通信应用中的基础性问题，无线信号在传输过程中，容易受到通信距离、天气、地形、金属障碍物等因素的影响，可能导致时延长、信号中断等。在车路协同的场景中，车辆处于运动状态，且运行过程中必定产生庞大的数据流，因此对网络信号的强度、时延、稳定性都有很高的要求。如果网络延迟或不稳定，将会对乘客或行人造成安全威胁。目前已经有了车辆远程遥控技术，但鉴于上述问题，在实际应用中风险较高。

（2）网络安全问题

网络安全问题也是在网络连接与通信过程中普遍存在的。如果黑客通过网络获取了车辆控制模块的操作权或相关交通调度权限，对城市交通和道路安全将产生极为严重的后果。因此有人认为，车辆的远程遥控本身就是一种严重安全漏洞。研发人员针对这一问题提出了解决思路，即将联网模块与车辆控制模块完全隔离，从而杜绝因网络漏洞带来的安全问题。

（3）基建设施的维护问题

车路协同中路端和云端的交互信息辅助车端进行判断决策，这一技术的影响有着积极和局限两个方面。积极性方面上文已有所述，而局限性在于：由于车辆在运行中对交通环境有所依赖，因此对路端设备的及时维护就极为重要。单车智能的自动驾驶安全性主要依赖于车辆本身，因此研发制造中仅需专注于车辆安全性的提高；而如果安全性依赖于整个交通环境，则需要确保交通环境的数据反馈真实、及时、准确，如果车端得到的外部环境反馈信息是错误的，那么将有可能导致控制器作出错误决策，引发不良后果。

总之，车路协同将会成为自动驾驶落地应用的重要推动力，它能够为自动驾驶安全性和可靠性提供保障。目前，车路协同技术处于初步发展阶段，还有许多问题没有克服，可能面临很多挑战。在研发中所运用到的可视化感知、5G通信、边缘计算等技术也在不断发展，需要不同领域、不同行业的专家学者协力合作，使得这些新兴技术充分应用于自动驾驶领域。同时，车路协同中交通基础设施建设、交通资源网络搭建等，都离不开政府的支持，因此需要研究机构、企业、政府部门等积极合作，发挥合力推动自动驾驶的真正落地。

4.2.3　基于5G车路协同的自动驾驶

近年来，人工智能和自动化等新兴技术在汽车领域的应用日渐深入，基于人工智能、自动化和计算机等多种先进技术的自动驾驶逐渐成为当前最热门的话题之一。自动驾驶技术的落地离不开5G、计算机等各项技术的创新应用，就目前来看，5G车路协同能够充分发挥出自动驾驶技术的应用价值，5G车路协同是自动驾驶技术落地应用的重要表现形式，也是其未来的重要发展趋势。

随着信息技术的飞速发展和不断创新，5G逐渐融入各个领域当中，并成为各个领域实现快速高质量发展过程中不可或缺的通信网络系统。具体来说，5G与车联网的融合能够快速推动交通系统优化升级，5G通信技术和云控技术在车联网领域的应用能够大幅提高车辆行驶的安全性和便捷程度，加快交通系统的革新速度。

5G车路协同自动驾驶的落地离不开各项新兴技术和完善的系统架构的支撑，因此车联网产业需要对各项相关技术和系统架构进行优化升级，从而实现车辆行驶的智能化升级，进一步增强车辆的道路通行能力。

5G车路协同自动驾驶就是利用5G信息技术提高车与车、车与人以及车与道路之间的信息交互能力，全面加强车辆和道路之间的协同性，进而实现无人化的车路协同自动驾驶，达到减轻人们的驾驶压力的目的。

由于我国目前的道路环境具有较高的不确定性，自动驾驶难度较高，难以保证车路协同自动驾驶效果，因此我国应大力发展网络信息技术，加强5G技术与自动驾驶的融合，并利用各种先进的技术来提高数据处理的智能化水平，从而增强数据信息资料采集和运用的及时性，提高车辆自动驾驶的安全性和准确性，助力车路协同自动驾驶快速发展。

与以前的车路协同系统相比，融合了5G技术的5G车路协同自动驾驶具有更强大的信息交流沟通、决策和控制能力以及更高的自动化水平和更低的重大故障的发生率，因此，在未来一段时间内，我国将会不断加大对5G车路协同自动驾驶技术的研究力度，大力推动 5G 技术在车路协同自动驾驶领域的创新融合应用。

5G 车路协同自动驾驶技术的应用主要涉及 5G、北斗导航、路况采集系统、车对外界的信息交换（vehicle to X，V2X）等技术。其中 5G 具有高速率、低时延、大连接等优势，能够为车路协同自动驾驶实现数据实时交互提供强有力的技术支撑。

具体来说，安全稳定的自动驾驶需要实时掌握车辆的定位信息、五维时空信息和道路边缘信息等多项相关信息，以便及时处理自动驾驶过程中的各项突发故障，而 5G 技术能够充分满足车路协同自动驾驶在信息传输、信息分析的实时性和高效性方面的要求，由此可见，5G 技术在自动驾驶领域有着较高的应用价值。

我国应该在重视研发和构建车路协同系统的基础上进一步提高车辆驾驶的顺畅度，优化驾乘人员的驾驶体验和乘车体验，以便获得更好的 5G 车路协同自动驾驶技术应用效果，降低安全事故的发生率，充分保障车辆和驾乘人员的安全，提高 5G 车路协同自动驾驶的智能化和高效化程度。

4.2.4 5G 车路协同自动驾驶方案设计

（1）总体方案

良好的总体方案设计和清晰的系统建设规划有助于提高 5G 车路协同自动驾驶技术应用的合理性，优化车路协同系统的运行效果，以便科学地运用各项相关技术，将自动驾驶效果提升至最佳水平。

在需求方面，我国应重视 5G 基础通信网络建设和自动驾驶相关道路的优化控制。科学、合理、准确的 5G 基础通信网络能够充分保证数据信息的传输效果，有效防止因数据传输问题影响车辆的自动驾驶效果；合理规划路侧智能感知设备、微气象微环境感知设备、高精度差分基站等智能化基础设备，并利用这些设备对自动驾驶相关道路进行优化控制能够实现对各项道路因素的实时监测，从而提高自动驾驶的智能化水平。

搭建和部署 5G 车路协同自动驾驶相关平台是总体方案设计的重中之重，我国应以定位平台、设备管理平台、五维时空信息服务平台和 V2X Sever 平台为中心展开平台建设和应用工作，以便为系统稳定运行提供支撑；与此同时，我国也不能忽视交管改造和危险车辆管理等工作的重要性，要充分利用各种技术手段来进行风险防范和故障处理，不断增强车辆自动驾驶的安全性和可靠性。

（2）智能全域感知道路构建

若要实现 5G 车路协同自动驾驶技术的大规模落地应用，就必须加强 5G 智慧道路建设，提高道路的网络化和智能化程度。

5G 智慧道路建设需要将原本的道路改建为智能全域感知道路。与传统的道路相比，智能全域感知道路具有更高的信息交互质量和更强的全面感知能力，能够为车辆提供更加优质的行驶条件。具体来说，建设智能全域感知道路主要需要完成以下两项工作，一方面，要以科学合理的方式为道路装配智能感知设备，增强道路的全域感知能力；另一方面，要提高道路的数字化水平，将道路接入 5G 互联网，从而进一步提升道路的全域感知水平，有效支持自动驾驶实现精准高效的自动化决策。

除此之外，建设智能全域感知道路还离不开对道路的信息交互能力的提升，因此我国应进一步加强 5G 信息技术与自动驾驶道路的融合应用，利用 5G 来提高信息传输的实时性，以便充分发挥出各项相关信息数据的应用价值。

高度智能化和合理化的规划决策能够大幅提升 5G 智慧道路相关信息数据的利用率和利用效率，有效规避道路堵塞问题，并及时处理道路中存在的各类安全隐患，同时也能规划车辆行驶路线，通过对车辆进行引导和分流来确保道路畅。由此可见，规划决策的优化控制也是建设 5G 智慧道路过程中不可忽视的一部分。

（3）智能路侧设备应用

智能路侧设备（road side unit，RSU）是提高道路基础设施的网络化和智能化程度的重要设备。智能路侧设备的应用能够大幅提升道路的感知能力和车路之间的信息交互水平，进而达到优化车路协同效果的目的。从 5G 车路协同自动驾驶的要求方面来看，符合道路实际情况的智能路侧设备能够帮助车辆高效采集和应用 5G 智慧道路相关数据信息，在信息层面为车辆安全行驶提供保障。

一般来说，路侧感知设备包括路侧视频设备、路侧激光设备和路侧雷达设备等多种类型，车辆可以借助各种路侧感知设备及时获取道路信息并反馈车辆情况，进而确保汽车能够在 5G 智慧道路上安全可靠地行驶。

以路侧视频设备为例，该设备既可以利用全景摄像机实时监测道路的通行情况，也可以全方位记录道路的视频信息，并为车辆的自动驾驶提供参考。

在选择智能路侧设备时，不仅要重视对道路运行状态的实时监测，更要将其对环境和气象条件的精准监测作为重要衡量因素，同时也要对各项相关设备进行进一步升级，最大程度优化智能路侧设备配置，从而在信息层面为车辆的自动驾驶提供强有力的支撑。

除此之外，蜂窝车联网（cellular-vehicle to everything，C-V2X）中的路侧单元（road side unit，RSU）设备也在车路协同中发挥着重要作用。RSU 设备不仅可以全面采集道路信息，还能实现 5G 通信，由此可见，RSU 设备在车路协同领域的应用有助于优化各项道路数据信息的应用效果，提高车辆自动驾驶的安全性，为实现汽车自动驾驶提供助力。

为了充分发挥智能路侧设备的应用价值，提高自动驾驶的可靠性，我国应加快推动智能路侧设备和车载设备一体化的步伐，不断增强二者之间的协调性，并进一步优化车路关系。

（4）软件平台构建

加强 5G 车路协同自动驾驶相关软件平台建设有助于引导车辆自动驾驶，有效规避各类不利因素，助力车辆实现安全可靠的自动驾驶。5G 边云协同管理平台、五维时空信息服务管理平台、北斗高精度定位平台、V2X Server 平台和危险车辆管理平台等软件平台都能够优化车路协同效果，指导车辆自动驾驶，提高 5G 车路协同自动驾驶的准确性、可靠性和安全性，因此，我国应认识到软件平台在自动驾驶中的重要性，不断加快建设各类相关软件平台的步伐。

5G 边云协同管理平台融合了边缘计算和边云协同管理，能够大幅提高系统运行的高效性和有序性，加快实现车路协同控制，进而在平台层面为车辆实现自动驾驶提供有效支撑。

五维时空信息服务管理平台能够全面感知和采集道路和环境信息，在信息层面为车辆自动驾驶提供支撑，进而优化车路协同效果，提高车辆自动驾驶的安全性、可靠性以及智能化和网络化程度，确保车辆上路后能够安全稳定行驶。

北斗高精度定位平台能够综合运用 5G 技术和北斗卫星导航定位系统来优化 5G 车路协同自动驾驶效果，同时，从实时定位服务能力上来看，该软件平台的定位精度已经能够达到厘米级，因此北斗高精度定位平台的应用能够帮助车辆避免在行驶过程中出现偏差，进而提高车路协同的准确性和自动驾驶的可靠性。

车辆监控调度管理平台可以在车路交互协调的基础上对车辆进行实时监控和调度，以便及时解决车辆运行中出现的各类问题，确保车辆能够安全、稳定运行。

除此之外，V2X Server 平台和危险车辆管理平台的应用也能够大幅提高车辆的环境感知能力，从而为自动驾驶车辆的决策和控制提供有效支撑，助力车辆实现 5G 车路协同自动驾驶。

总而言之，5G 车路协同自动驾驶技术的大规模落地应用能够革新当前的交通系统，并在提高出行便捷性的同时大幅降低驾驶压力，因此该技术已经成为我国现阶段研究、应用和普及的重点内容。首先，我国应根据实际需求选择合适的智能化设备；其次，要将各类设备安装至道路中，提高车路之间的协同性；最后，还要为车路协同自动驾驶搭建相应的软件平台，进一步确保车辆自动驾驶的安全性和有序性，从而达到提高 5G 车路协同自动驾驶技术应用的合理性的目的。

4.3 智能汽车云控系统的原理与应用

4.3.1 智能汽车云控系统基本架构

随着人口数量的快速增长和人工智能等科学技术的飞速发展，智能网联汽车（intelligent connected vehicle，ICV）的热度越来越高，汽车领域和人工智能领域的科研人员积极推动各类人工智能技术和设备在汽车中的深入应用。未来，智能网联汽车将利用传感器等智能感知设备采集交通环境信息，并在对各项相关信息进行分析后生成最佳行驶方案，以便在确保安全行驶的前提下降低交通运输压力，最大限度避免交通事故。

传统的车路协同仅支持车辆与路侧设备之间的协同，应用场景较少，也不具备群体协同决策能力，因此相关科研人员需要为智能网联汽车配备具有信息安全开放和稳定共享等优势的云控系统，助力智能网联汽车重构产品价值。

下面首先分析智能网联汽车云控系统的基本架构，如图 4-15 所示。

（1）云控基础平台

云控基础平台中集成了汽车、道路、外界环境、相关行业等多个方面的动态数据信息，能够充分确保数据信息的实时性，并为整个智能网联汽车产业的发展提供数据层面的支持，是整个云控系统的核心。在规划设计方面，云控基础平台主要可分为边缘云、区域云和中心云三部分。从服务范畴上来看，边缘云的服务范畴小于区域云，而区域云又小于中心云；从数据交互和运算的时效性上来看，边缘云的要求高于区域云，而区域云又高于中心云。因此云控基础平台既能充分满足汽车对服务范畴和网联时效性的要求，也能为高效建设智能网联汽车相关基础设施提供强有力的支持，并提高基础设施建设的性价比。

（2）云控应用平台

云控应用平台是在云控系统的基础上构建的能够为智能网联汽车提供基础数据

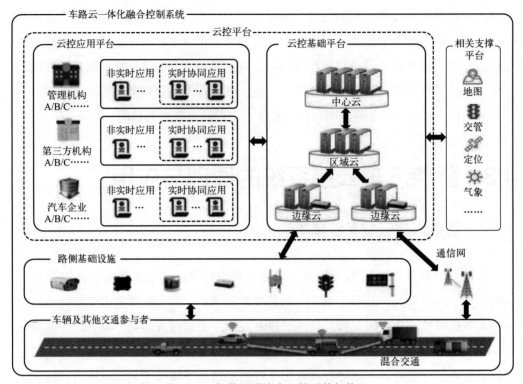

图 4-15   智能网联汽车云控系统架构

公共服务的应用平台。服务、驾驶、交通、行业监理等传统业务的升级为汽车行业提高车辆的性能、能效、驾驶安全性和交通运行效率提供了助力，同时也有助于智能网联汽车行业利用交通大数据来优化行业监督管理和服务。对智能网联汽车行业来说，可以根据不同应用项目在信息传输和运算时效方面的个性化要求将平台中的应用分为实时协调应用和非实时协调应用两种类型；可以借助云控应用平台采集和分析大量关于交通和智能汽车的标准化动态数据，以便加深对客户需求的了解程度，减少运营成本支出，优化行业监督管理和服务；也可以综合运用车辆控制、交通调度与管理等多种技术手段提高智能网联汽车的行驶性能和系统对车辆的精细化管控能力，同时将服务提升至最佳水平。

（3）路侧基础设施

路侧基础设施主要包括位于道路两侧的路灯、摄像头、传感器和路侧杆件等设备，通常具有感知、通信、计算、追踪、预测等功能，能够实时感知道路交通状况和车辆行驶环境，并为车辆提供信息采集、信息通信、辅助定位、边缘计算、辨别障碍物等服务。具体来说，路侧的通信设备能利用低时延网络传输个性信息数据的运算结果；路侧的交通信号设施、单路管控设施等设备设施能够借助网络实现与车端和云端的互联，并根据交通实际运行需求对车辆进行动态化的联网控制。

（4）车辆与其他交通参与者

云控基础平台可以借助云控系统来实现与道路中的车辆和其他交通参与者之间的互联互通，并获取交通和车辆的相关信息，为各个级别的智能网联汽车和交通参与者提供信息方面的服务。如果智能网联汽车或交通参与者与云控系统所提供的服务之间有较强的适配性，那么这些智能网联汽车和交通参与者就可以获取更加丰富的信息资源和更全面的数据运算结果，并在此基础上实现智能化升级，对终端用户来说，也可以享受到多种交通出行服务，同时也能进一步提高交通出行的安全性，并减少能源消耗。

（5）通信网

云控系统所使用的通信网络可分为无线通信网络和有线通信网络两种。无线通信网络可分为两类，分别是基于 5G 的通信网络和基于长期演进（long term evolution，LTE）的蜂窝车联网通信网络，这两种网络能够服务于智能网联汽车，为智能网联汽车与路侧设施和三级云之间的信息通信提供网络层面的支撑，同时也能够从智能网联汽车产业当前的发展需求出发进一步优化无线通信协议；有线通信网络也可以为云控系统和云控基础平台之间的互联互通提供网络支持。总而言之，云控系统通常利用有线网络来完成与云控基础平台之间的信息通信活动，利用可靠性和低时延性日渐增强的无线网络来实现与设备、设施之间的互联互通。

（6）相关支撑平台

一般来说，智能网联汽车行业的相关服务平台、管理平台和社会化运用平台可以借助云控平台实现对车辆、交通等信息数据的全方位实时采集，并在标准协议的基础上实现信息的实时交互，进一步完善业务服务模式，为车辆、服务研发者和交通参与者取用云控平台中的信息数据提供方便，进而达到优化智能网联汽车产业和交通产业的应用服务体系的目的，助力整个智能网联汽车行业实现长期稳定发展。

4.3.2 智能汽车云控系统的关键技术

（1）端边云结合的一体化

随着智能网联汽车产业和智能交通的快速发展，若要提高交通服务品质，就必须进一步提高云控系统的信息通信网络和数据运算网络的时效性、可用性和并发性，将信息通信的网络时延降至毫秒级，强化数据运算的可靠性，同时也要实现对网络通信节点以及网络通信链路的实时监测和精准预测，提高信息通信网络的内部路由和节点的高并发数据的标准性和一致性。

当云控系统被应用于智能网联汽车和智慧交通领域时，相关部门就已经在云控基础平台的基础上制定好了较为规范化的信息交互标准，同时也为云控系统的信息交互提供了基础数据分级式共享接口，根据实际需求优化了数据资源存储模型，强化了信息系统的性能，并充分发挥各个应用模式的作用，进一步增强系统的响应效率、信息交互效率和数据接入效率，充分利用车联网技术、实时通信技术、数据交互技术、协同运算技术、虚拟管控技术、信令网关（signaling gateway，SG）、LTE-V 网络和有线骨干网，从多个角度入手对各个不同量级的智能交通相关基础设施在信息通信方面的各项功能进行优化，高效集成车端、路端、边缘运算和各个云结构的数据信息以及相关应用。

具体来说，智能交通行业可以通过布设边缘云的方式来集成大量本地应用服务项目，并在此基础上为云控系统在智能交通领域的应用提供支持，同时也有助于推动实现对路口车辆和交通运输状态实施动态管控等现场控制级应用目标快速落地。不仅如此，智能网联汽车行业还需要大力推进实时区域云和非实时区域云落地相关工作，增强云控系统对相关服务项目的远程控制能力和应用能力，提高在实时性方面的要求，进而提高规划和管控的精准性和应用的有效性。

（2）动态资源调度

云控系统具有动态资源调度能力，能够作为各个应用项目执行的基础，对智能网联汽车和交通系统的性能进行进一步强化，提高智能网联汽车和交通系统在各个应用场景中的适应能力，同时也能够有效解决高并发情况下的车辆行为冲突问题和不同应用项目之间的资源冲突问题。

云控基础平台根据云控的实际应用情况来确立时效性要求、通信方式、资源应用要求和运作模式等内容，明确相关服务应用的运行地点，优化资源规划，从实际需求出发动态落实保障性服务项目，进而达到提高车辆的安全性和稳定性的目的，为车辆的安全行驶提供充分保障。

云控系统和云控基础平台在动态资源调度方面应用到的技术主要包括全生命周期动态化管理技术和以平台标准化管理或自主式管理为基础的负载平衡技术，能够针对智能网联汽车和智慧交通的实际需求灵活运用安全告警、辅助驾驶、车载信息强化、全局式协同调度、云端车辆感知共享、高精度地图实时呈现、车辆运行状态在线检查诊断等各项功能。

在云控系统的基础上构建的一体化系统架构具有能够协同调度多个系统业务的

优势，但同时也存在许多不足之处。具体来说，以云控系统为基础的一体化系统架构难以确保各个异构体在信息感知方面的精确度，在协同运算时间维度方面的统一性，以及在数字映射方位方面的匹配程度。为了弥补以上缺陷，智能网联汽车行业和智慧交通行业应优化云控系统中的各个核心业务感知系统的布局，提高多源数据在时间上的同步性，强化多元异构数据之间的联系。

4.3.3 云控汽车节能驾驶系统的应用

为了节约能源、保护环境，智能网联汽车行业和智慧交通行业应最大限度提高车辆燃油经济性。在实际操作中，智能网联汽车行业和智慧交通行业需要充分发挥车辆行进路线、地图数据、道路实际状况和交通运输状态等数据信息的作用，利用云控系统平台实现对车速的实时运算，并最大限度控制车辆行驶速度，同时在此基础上设计并使用云控汽车节能驾驶系统（cloud electronic differential system，Cloud EDS）。

具体来说，智能网联汽车行业和智慧交通行业设计经济型驾驶控制系统的目标主要包括以下两项：

① 平均经济车速。与其他车辆中的车速调控系统相比，智能网联汽车中的经济型驾驶控制系统融合了云控系统，能够实时动态采集交通信号灯信息和交通流信息，有效控制车辆行驶速度，提高车速控制的科学性、合理性，降低车辆行驶过程中的整体耗油量。

② 实时经济车速。装配了经济性驾驶控制系统的智能网联汽车能够根据道路实际状况、交通实际状况、交通信号灯信息、交通流信息等各项相关信息数据调控车辆在十字路口附近、坡道等场景中的行驶速度，将实时车速的经济性提升至最高水平，同时也最大限度提高车辆的燃油经济性。

在达成调控平均经济车速这一目标的过程中，云控系统平台可以通过计算车辆行驶过程中的最优经济车速的平均值的方式来明确车速调节目标，并根据该目标来对车辆的行驶状态进行实时调整，让车辆在整个行驶过程中始终保持以最优经济车速行驶。

除此之外，智能网联汽车行业还需要充分明确实时经济车速目标，找出在车辆行驶过程中对油耗影响最大的工况，并在此之前充分确保车辆在平路场景中行驶时的经济车速规划的科学性、合理性、可行性和有效性。一般来说，影响车辆行驶过程中的油耗情况的工况主要包括三个方面，如表4-3所示。

表4-3 工况油耗的三个方面

工况油耗	具体内容
跟车工况	车辆行驶在平直道路上时需要花费大量时间用于巡航，耗油量也会随着巡航时间的拉长而增多，由此可见，此时使用经济车速规划的方式来降低耗油量是一种具有较高经济效益的做法
坡道工况	当车辆行驶在丘陵等地区的坡道上时耗油量较高，存在较大的节油降耗需求
启停工况	当车辆加速行驶时，车辆的耗油量会因驾驶人员在操作方式上的不同而出现差别，由此可见，车辆的启停环节存在较大的节油降耗空间

综上所述，车辆在行驶过程中可以选择将平均经济车速作为目标车速，并在此基础上对部分路段的车速进行调整，提高车辆行驶速度在该路段中的经济性，比如当车辆需要经过坡道路段时应将行驶速度调整为坡道经济车速，当车辆行驶在平直道路时应继续保持以平均经济车速行驶，当车辆即将到达终点时应将行驶速度调整为启停经济车速并控制到达终点的时间。

4.3.4 云控交通信号管控系统的应用

随着我国城市交通路网建设规模的快速扩张，围绕路侧信号机的交通管控模式逐渐成为交通管理的主流模式，但由于当前我国在交通方面存在路侧设备供应商数量众多、路侧设备计算能力较低、信息资源跨地区共享困难等问题，因此我国道路交通相关部门难以对大范围的交通状态进行动态预估，也无法高效完成车流状态调整工作，更难以有效解决城市交通信号管理中出现的各项难题。

车流状态混合式引导调控办法是一种以云控系统架构为基础，以城市主干路网为调控对象，以网联车、信号灯和云平台为主体的车流动态控制方法。

云控交通信号管控系统可以全方位实时采集智能网联汽车的行驶轨迹信息，利用云控部署并行优化算法处理各项信息，从而为智能网联汽车在交通路网中安全稳定运行提供支持，并确保信控路口保持安全畅通。具体来说，云控交通信号管控系统既能够利用各个云路之间的网联端口设施高效传输信控路口的配时数据，提高交通信号灯在实时响应紧急事件方面的能力，也能够充分利用云车之间的信息交互终端控制智能网联汽车的行驶行为，进而达到改变车流整体状态和提高城市路网的车辆通行效率的目的。

由此可见，云控交通信号管理系统可以通过对车辆的历史行驶轨迹信息和实时轨迹信息综合分析来实现对信号系统异常情况的动态精准判断，并快速处理车辆遇到的各类问题，从而进一步提升自身的交通信号管控水平。具体来说，云控交通信号管理系统主要有以下几项技术特征，如表 4-4 所示。

表4-4 云控交通信号管理系统的技术特征

序号	技术特征
1	可以在不依托于外场监测装置情况下，仅借助高质量的联网浮动车轨迹信息和检测器信息实现对使用性能的进一步强化
2	精准高效识别道路交叉口等特殊路段的交通拥堵问题，并迅速制定出有针对性的解决方案，降低人力在交通管理工作中的参与度
3	在轻量化部署方面具有见效快、上线速度快、用户操作难度低、可复制性高、兼容性强等诸多优势，能够为智慧交通领域的轻量化部署工作提供支持

2017 年，济南等多个城市开始将云控交通信号管理系统应用到交通信号管控工作当中，并取得了一定的成效，济南市历下区的部分路段的车流状态已经得到了明显改善，不仅如此，云控交通信号管理系统在城市路网中的应用也大大缓解了路口停车等待问题，在一定程度上解决了城市各干道中普遍存在的交通拥堵问题。

云控系统是一种具有大数据瞬间吞吐能力的新兴技术，能够在车辆控制、车云通信等领域发挥重要作用，同时也能为多种社会基础设施实现网络互联提供支持，并提高各个行业在技术和资源等方面的协同性。

对我国来说，可以积极引导云控系统相关行业健康稳定发展，并在此基础上选择合适的试点，在试点地区整合各项资源大力发展和应用云控系统，并利用云控系统来广泛采集各项地区建设相关标准化数据、应用开发相关信息和执行机制相关信息，提高云控系统中的基础数据授权能力，同时帮助当地企业打造市场竞争力强的服务项目，并从中获取高效益，从而为整个云控系统相关产业的长期稳定发展提供有效保障。

第 **5** 章

电子电气架构

5.1 汽车电子电气架构的演进路径

5.1.1 E/E 架构的概念与支撑技术

随着工业化进程的不断加快，汽车制造领域的智能化与电气化的发展也在不断加速。在这一发展进程中，汽车工业也在积极地与信息通信领域技术进行深度融合，例如人工智能、5G 车联网以及移动计算等，让我们看到了汽车数字化的新未来。在这波发展的浪潮中，车路云一体化的智能交通系统发展势头迅猛，将对未来的驾乘安全、用户体验以及交通系统运力带来极大助益。

ICV（intelligent connected vehicle，智能网联汽车）搭载了传感器、控制器和执行器等装置，融合了人工智能与通信网络等技术，能够实现车与 X（人、路、车、云等）智能信息的交换、共享。当前，ICV 正处于技术快速演进的关键时期，其蓬勃发展必将带动智慧交通、智慧城市等领域的深刻变革。

作为汽车产业升级的物理载体，ICV 技术的不断发展为 E/E 架构（electrical/electronic architecture，电子电气架构）的设计理论和方法带来了新的挑战，孕育了 E/E 架构技术的变革浪潮。

所谓的 E/E 架构是指将智能网联汽车全部的软件、传感器、执行器以及电子电气分配系统等集成在一起，其中主要有三个关键要素，即硬件设施、软件设施和高效的动力信号分配系统，其具体关系是由分配系统将软硬件设施结合起来。E/E 架构技术是一项重要的 ICV 系统设计技术，会对整车的软硬件系统集成、功能实现以及综合性能等发挥重大影响。

根据架构名称就可以看出此架构主要的两部分是电子和电气，是一个可以通过控制成本、重量、可靠性等来达成最优的电子电气需求的技术方案。作为电子电气开发的主体框架，该架构具有平台化、前瞻性、可拓展性等特点，可以为车辆的模块开发进行规范指导，还可以为其提供相关的实现方案。

E/E 架构涉及的支撑技术有以下几项：

① 车载以太网。其实汽车上早就有 CAN、MOST、LIN 等应用，之所以还需要车载以太网作支撑，主要是其具备高带宽、低延迟和低成本等优势。

② 仿真技术。该技术能够减少产品的研发时间，节约研发成本，它基于"V"字模型原理，包含软硬件、系统级和整车级等多层级的仿真，主要应用于智能驾驶和新能源等相关领域。

③ 功能安全。作为正向开发方法论，功能安全强调正向开发，因此高端的电子电气架构在设计时就会细化考虑，会把功能安全恰如其分地分给各零部件。

④ 信息安全。在该架构中，智能网联汽车与外界进行交互时存在信息安全隐患，以往的电子电气架构里有不少系统涉及信息安全问题，比如胎压监测系统、车辆门禁系统以及广播收音系统等，日后在设计该架构时将会面临更多信息安全的挑战，如面向 5G 的车联网无线通信技术等。

⑤ 电气设计。对于电子电气架构而言，未来的电气设计的重点方向就是减轻重量、缩短长度，这样才能更好发挥其作为车辆神经血管的作用，以上主要针对的是电气设计中的线束设计来说的，此外，电气设计还涵盖电磁兼容设计和电源分配设计等。

⑥ 网络设计。按照 E/E 架构需求来对网络节点、节点间的通信方式和传输速率进行设计。

⑦ 诊断设计。按照 E/E 架构需求并结合权威诊断标准来进行电子控制单元级别的诊断设计。

⑧ 硬件设计。E/E 架构的落地离不开硬件，要给予硬件设计足够的关注，要逐步提升硬件设计水平，推动各域下的传感器和执行器实现标准化。

⑨ 通过不断发展使电子控制单元的基础软件满足相关汽车软件的架构标准，推动基础软件实现标准化。

⑩ 应用软件设计。从目前的发展来看，开发以模型为基础的应用层软件是大势所趋，E/E 架构的优势是可以做到软硬件分离，因此汽车制造商可以按照客户要求迅速开发应用软件，更好地服务用户。

5.1.2　分布式电子电气架构

汽车早期出现时是为了解决距离较远的两地的沟通问题，彼时的汽车作为人类的代步工具是纯机械产品，车上未搭载任何的供电设备。1927 年，德国 BOSCH（博世）公司开发出了汽车用的铅蓄电池，自此汽车领域发生新的变革，车辆上的电子设备拥有了稳定的供电设备。推进汽车电子飞速发展的又一重要因素是大规模集成电路，它可以助力车辆的多个系统，如自动变速器控制系统、发动机定时点火控制系统、电控悬架系统、电子稳定控制系统以及仪表、电控座椅、电控车窗等，已经成为车辆重要组成部分。正是因为汽车电子控制技术的迅猛发展，汽车产业不断优化升级，用户才能得到更好、更安全的出行体验。

　　E/E 架构的发展也经历了一段过程，起初是分布式架构，彼时各控制单元相互独立，且只能控制一个单一的功能单元，分别控制车门、发动机、制动系统等，相关的控制器有发动机控制器、制动控制器等。

　　其中每个电子控制单元负责特定的功能需求，在这种情况下，E/E 架构中的各控制单元会利用 CAN 总线来传递信息，最终达成整车功能。具体的结构如图 5-1 所示。

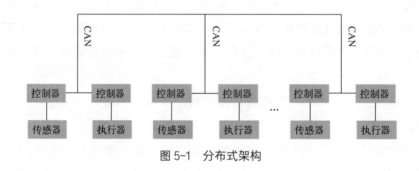

图 5-1　分布式架构

　　结合图 5-1 可以看到，车辆每一个功能的实现都需要配备相应的电子控制单元，这就造成每辆车上会装有一百多个电子控制单元，每个控制单元既要驱动传感器和执行器，还要进行相关的逻辑控制，软硬件之间耦合紧密，所以车辆如需增加功能，就要再配备相应的电子控制单元以及通信信号。

　　前文中我们谈到每个电子控制单元之间主要依靠控制器局域网和局部互联网连接来传递信息，这就造成一个问题，就是当车辆功能扩展时，电子控制单元会不断增多，那么相应的总线长度和重量也会相应增加，会提升整体成本，拉低车辆组装的自动化水平，还会对车辆的装配和布置造成阻碍。

　　一个较为关键的问题是电子控制单元的计算能力并不是无限的，它会受到通信带宽的限制，也会存在难以进行功能升级等问题。从以上诸多问题不难看出，分布式电子电气架构很难进行架构升级，同时也会在一定程度上影响汽车的安全性能。

5.1.3　域集中式电子电气架构

　　基于传统的分布式电子电气架构的诸多弊端和智能网联汽车功能不断增加、需求不断增多这两点，E/E 架构需要进行改革。同时，随着汽车产业智能化的发展，车辆与云端交互的信息逐渐增加，车辆的网络信息安全也需要得到更多关注，这同样需要 E/E 架构的变革与升级。

域集中式 E/E 架构的出现为解决以上问题提供了方案，它把汽车的各类功能进行划分，各功能块会有各自的域控制器，功能域内通信按照速率要求来选择不同的通信总线，功能域之间通过以太网传递信息，域控制器主要进行域与域或域与云等方面的信息传递，电子控制单元只执行相关指令，其具体架构如图 5-2所示。

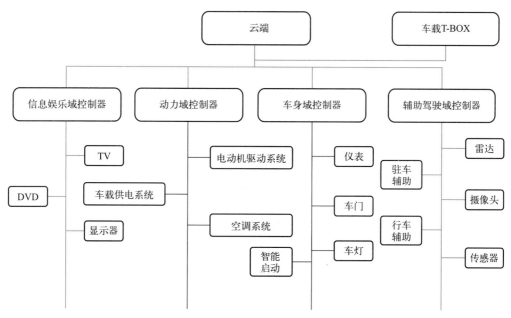

图 5-2 域集中式电子电气架构图

域集中架构解决了分布式架构的功能安全和信息安全的问题，同时也实现了域与域之间的通信及互操作性。这种使域之间利用中央网关来交换数据的架构所依据的基本思路是，将众多电控单元的功能进行归类，车辆仅将几个大类属的域控制器作为主控，域控制器的主要任务是对域内数据进行处理并完成决策，同时控制管理其下属的传感器与执行器。

相较于分布式架构，域集中架构中的各电控单元作用变小了，逐步变成了域控制器的命令执行器。而域控制器因其丰富的软件接口和强大的硬件计算能力而集中了更多的核心功能模块，进而提升了系统功能的集成度。

域集中架构的一个重大意义在于设计思想的转变，自此电子电气架构设计完成了由信号驱动模式到服务导向模式的转变。其转型成功离不开软硬件解耦、信号性能升级、通信速率提高以及接口标准化等因素。

该架构还推动了相关零部件的标准化生产，因为在此架构中软硬件能够解耦，这使得硬件的更换与软件的升级都更加方便，与此同时，接口的标准化也使得执行器和传感器及电控单元的关系弱化，这些都利于零部件生产的标准化。

域集中式架构弥补了分布式架构的很多不足。在计算能力受限问题上，域集中式拥有各个域的独立控制器，且配备了运算力超强的处理器，当前华为、瑞萨、赛灵思等很多品牌方案采用的都是此架构，因为它符合智能网联汽车的高算力的要求；在安全防护存在隐患的问题上，它在一定程度上降低了整车受到攻击的可能性，因为其各功能模块是独立的，即使受到攻击也不会影响其他模块，而且还可以通过域控制器来监测和排除受到攻击的危险。

5.1.4　中央集中式电子电气架构

中央集中式 E/E 是对域集中式架构的优化升级，它把之前的各域控制器进行融合，升级成为算力更强的智能芯片以及中央计算平台，而且不再按照功能分类，而是根据物理位置就近划分，归入相关的区域控制器里，这样不仅减少了线束长度，也优化了构型布置。该架构在很大程度上降低了成本以及各结构连接的复杂度，提高了算力和安全性。该架构的典型拓扑如图 5-3、图 5-4 所示。

在这个架构里，区域控制器会把初始数据传递给一个或多个中央计算单元来处理，中央计算单元负责全部的数据处理和决策。区域控制器则进行采集数据、传输数据以及转化通信协议等工作，各区域控制器间可以依靠控制局域网形成环形网络，增强通信冗余的可靠性。

综上所述，电子电气架构以上三个阶段的发展过程也是其不断优化进步的过程，这个进阶过程带来的主要优势有：

① 算力资源集约化、集中化，提高了利用率。现实情况下，车辆运行中的大部分时间都只有部分芯片在完成计算任务，集中架构可以避免分散独立的电控单元计算能力的闲置，能够在统筹全盘的基础上最大程度地运用处理器算力。

② 达成交互方面的统一，协调整车功能一致。与集中式架构相比，分布式架构中的传感器、执行器以及软件算法等耦合紧密，接口无法达成标准化，造成零部件的研发时间长、效率低，难以进行升级。集中式架构实现了软硬件的解耦，电控单元随之减少，真正做到了整车开发，有利于降低成本和快速更新。

③ 缩短线束长度，降低整车质量，减少故障发生频次。集中式架构解决了分布式架构因线束长、电磁干扰多造成的故障多的弊端，通过设置区域控制器缩短了

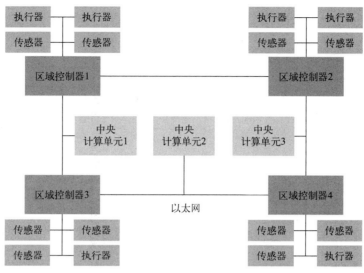

图 5-3　多中央计算单元的中央集中式架构

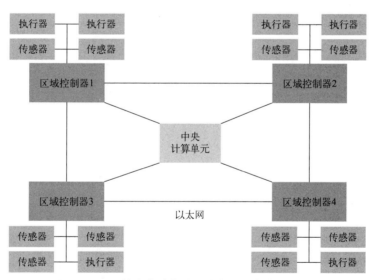

图 5-4　单中央计算单元的中央集中式架构

整车的线束长度与质量。

④ 为软硬件解耦奠基，有助于实现软件定义汽车。集中式架构解决了分布式架构难以解耦的问题，将车辆的算力集中化，为软硬件间的解耦和软件的分层打好了坚实的基础。

⑤ 增强了汽车的扩展性，有助于车辆实现平台化。与分布式架构相比，电控单元在集中式架构中的作用降低，各类接口实现了通用化和标准化，可以按照不同的传感器和执行器方案需求调整以及优化配置域控制器和区域控制器。

5.1.5　汽车 E/E 架构设计的实践对策

汽车 E/E 架构是一套指导车辆设计和演变的原则，也是智能网联汽车系统及其功能构成的顶层设计，主要功能是实现车辆软硬件系统和电子电气组件组织结构的整车功能，重视各组件与整车环境之间以及各组件之间的相互依赖和相互作用的关系。目前该架构还不够完善，尚且不能满足智能网联汽车的一些复杂要求，未来如何适应汽车技术领域的变革是当下值得关注的问题。

（1）E/E 架构设计面临的挑战

从分布式架构到集中式架构，智能网联汽车的电子电气架构设计在不断完善，但其未来发展仍面临不少挑战：

① 从总体架构设计上来看，要持续向总体架构的高精度设计方向发展，目前的设计经验有限，要以多元化需求为导向，建立新的设计理论和评估体系，提升架构软硬件的综合实力，同时还要进一步加强各项安全设计，如信息、功能、数据等安全设计。

② 从硬件设计上来看，要进一步提高算力，降低能耗，可以为此设计智能网联汽车专用的控制器；要优化线束、电源等系统的设计理念，进一步降低整车成本及质量。

③ 从软件设计上来看，要重视软件定义汽车这一理念，以此为基础进行软件设计才能保持竞争优势，同时要注重软件的更新速度以及软件的差异化设计。车企若想要在软件设计领域争得一席之地，一定要注重软件可升级性、可解耦性、易配置性、高安全性以及个性化等方面的设计。

④ 从通信设计上来看，要增强通信网络的可配置性、关注通信协议的可扩展性。当前汽车的数据传输需求激增，原有的通信系统和通信网络难以与之匹配，亟须低时延、高带宽以及强实时性的通信机制来进一步提升智能网联汽车的通信能力。

以上挑战对于电子电气架构的未来设计提出了要求，其日后的发展将对智能网联汽车的架构设计产生重要影响。

（2）E/E 架构设计的实践对策

随着智能网联汽车的蓬勃发展，国际工业领域和相关学术领域的大批专家、学者开始研究 E/E 架构，一些具有前瞻性的车企已经开始对此进行了相关部署。但由于该架构要素的复杂性与综合性，现在尚未形成系统的架构。为了加快相关设计理论、工程方法以及工具软件的开发，E/E 架构接下来应在以下几个方面集中发力。

① 深入研究架构总体设计理论和方法。要加快架构总体设计理论与方法的研究步伐，推动形成完整的设计理论和方法。当前的架构开发主要依靠工程经验，难以获得最佳设计效果，也难以很好地指导工程实践应用。只有加强相关研究才能更好地适应用户需求的多元化以及功能的多样化。

那么应该如何使相关研究走向深入呢？首先要着眼于 E/E 架构设计的本质，厘清汽车安全需求、功能需求和架构设计间的内在关联，而后准确划分功能，清晰规范建模，这样才能更好地实现架构的经济性、安全性以及可扩展性，其次可以在现有的架构理论基础上进行架构建模、系统优化等研究，进而完善相关理论和方法。

② 推动实现软硬件及通信接口的标准化。实现软硬件及通信接口的标准化有助于各供应商充分发挥自身优势，因为架构设计需要与多方互联互通，比如软硬件、通信系统以及车外的车、路、云端等，各接口多样复杂，单一厂商难以完成设计，如果可以实现接口标准化就可以加快整车的配置与集成，加速智能网联汽车的落地。

在构建接口的标准体系时需要注意，由下向上的抽象设计应该做到使底层硬件可以注意各类车型间的差别，灵活更改配置，减小代码差异；由上向下的服务设计应关注业务逻辑，不必过多关注硬件实现问题。

③ 开发 E/E 架构的仿真测试验证体系。要积极构建多层级、一体化、虚实结合的电子电气架构测验体系，保证设计的合理性以及迭代更新的快速性。据此可以融合智能网联汽车的相关测试方法，进行多环境交互技术的研究，充分挖掘适用于风险评估以及失效分析的重构技术，搭建相关场景库，开发评估仿真分析平台，推动仿真测试和架构评估的标准化和平台化。

对于相关测试的实时模拟以及物理信号高保真技术，E/E 架构要配备相关的通信信号模拟装置，不断搭建该架构的多层级体系，进而形成多层次（部件级、系统级、整车级）的测评方法，最终实现架构验证体系设计的一体化。

④ 加强多维度冗余架构体系设计研究。要建立并完善主动容错控制，保证自动驾驶系统在发生一定故障时仍能正常行驶。为此不仅要探索精准高效地检测故障的方法，还要对冗余架构体系下的传感器、控制器和执行器等方面故障检测方法进行理论研究，以此来解决汽车架构失效等难题。

⑤ 加强多维度信息安全纵深防护技术研究。智能网联汽车系统的安全性一直是消费者关注的重要方面，E/E 架构设计应当从控制器自身安全、车载网络通信安全、外部网联安全等多维度出发，来搭建多维纵深的防护体系，确保车辆系统的信息安全、数据安全以及网络安全。

5.2　智能汽车多域电子电气架构设计

5.2.1　多域电子电气架构的总体设计

　　传统汽车的电子电气架构设计大多通过优化元器件布局的方式在最大限度上强化性能，降低成本。而多域电子电气架构既要达到最大限度强化性能和降低成本的目标，也要作为智能网联汽车（intelligent connected vehicle，ICV）中的基础设施为汽车系统中的各项功能和性能提供支持。

　　具体来说，ICV 多域电子电气架构设计主要包含以下几项工作任务：

　　● 以车辆功能需求为依据对各个子系统的功能进行划分，对各项功能之间的逻辑连接关系进行梳理，同时还要进行软硬件映射。

　　● 平衡好功能交互、成本、供电、配电等多项因素之间的关系，对硬件空间拓扑、连接拓扑和通信拓扑进行设计。

　　● 整合线束、控制器、传感器、处理器和功能软件等多种相关软硬件，并在此基础上制定多维整车系统设计方案。

　　● 降低系统的重复性，提升系统的集成性、安全性、可验证性和可拓展性。

　　ICV 功能配置具有自身多样性和复杂性的特点，能够在一定程度上推动电子电气架构设计理论和方法进一步革新。近年来，基于模型的系统工程（model-based systems engineering，MBSE）的汽车电子电气架构设计开发方法的重要性日渐凸显，并逐渐受到许多相关人员的关注。MBSE 能够从起始阶段开始对电子电气架构设计进行模型化表达，并针对系统的实际需求、结构和行为等要素展开相应的分析、设计和无歧义说明等工作，同时在此基础上构建起统一的交流平台，为各个设计人员的信息交流和共享提供方便。除此之外，MBSE 还是提高整车电子电气架构研发环节的工程数据的一致性、可验证性和可追溯性的有效方法，同时也能够大幅降低整车开发难度，增强开发过程的安全性，提高开发效率，减少在开发和维护方面的成本支出。

　　具体来说，基于 MBSE 的汽车电子电气架构 V 字形设计开发流程如图 5-5 所示。

　　电子电气架构设计是整车设计的重要组成部分，同时，在优化和完善架构设计方案环节，相关设计人员还需将电子电气架构评估作为重要依据。就目前来看，相关设计人员需要在明确架构需求定义、架构功能设计、架构拓扑设计、架构系统设计和架构分析评估的前提下根据 ICV 的电子电气架构需求和开发设计流程来完成 ICV 的电子电气架构设计工作。

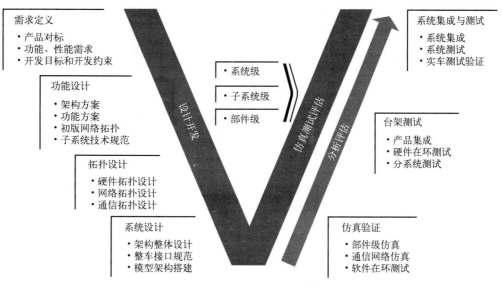

图 5-5　∨字形设计开发流程

（1）架构需求定义

一般来说，ICV 领域的工作者需要在全方位分析且已充分了解市场需求的前提下开始推进电子电气架构的开发工作，并根据分析和评估的结果来明确功能方案实现的目标、开发车型的整车需求、整车系统的需求以及各个子系统的需求，同时也要制定相应的整车验证测试规范。需求分析是 ICV 行业充分认识开发目标和开发约束的有效方法，也是架构设计流程的第一步。

（2）架构功能设计

在架构功能设计环节，ICV 领域的相关工作人员应根据车辆功能需求分割总体功能和解耦软硬件，并简化电子电气架构，制定子系统技术规范，设计子系统功能方案以及初版网络拓扑和电子电气方案。具体来说，ICV 行业应将整车功能划分成一级功能域和二级功能域两个级别，明确各项功能之间的逻辑连接关系，同时在域控制器中集成二级网络中的各项控制器功能，并实现更多高级功能。

（3）架构拓扑设计

ICV 的电子电气架构的基本拓扑结构可以按照架构功能划分成硬件拓扑架构、连接拓扑架构和通信拓扑架构三种类型。其中，硬件拓扑架构包含各部件之间的组合关系和内部细节，且与硬件的整车安装布局、内部构成和对外结构的详细信息息息相关；连接拓扑架构指的是保险继电器盒的内部结构、导线和线缆等各个相关部件之间的逻辑连接方式以及实现情况等内容；通信拓扑架构是一种能够根据域间/域内的实际通信需求来进行通信网络组网并明确相关协议的基本拓扑架构。ICV 领域的相关工作人员可以完善拓扑架构，并最大限度优化拓扑方案，从而为各个设计部分开发相关软硬件提供良好的设计规范。

（4）架构系统设计

ICV 行业需要在已经掌握接地点、整车布局、电源分配图和来源于供应商的接口控制文件的基础上进一步了解整车原理和接口定义，并进行功能规范设计和整体架构模型搭建，同时也要发挥拓扑层信息、既有开发数据库、经验输入等信息数据的作用，充分确保逻辑和算法定义的准确性，进而制定好系统级电子电气架构的解决方案和系统级验证测试规范，并在此基础上推动各项相关功能快速落地，以便在产品部件设计时完成验证工作。

（5）架构分析评估

一般来说，大部分传统的汽车电子电气架构的仿真仅为部件级别的仿真，而应用了 RTaW、VEOS 和 CANoe 等架构评估软件的架构分析评估能够实现更全面的架构仿真评估，并支持汽车行业从功能、通信、安全等多个角度对 ICV 的电子电气架构进行验证、优化和升级。具体来说，该环节不仅存在硬件、开发、生产、维修等方面的成本支出和车辆性能、燃油经济性等方面的目标，还涉及以下两项问题：

① 用户需求。随着时代的发展和技术的进步，用户需求的个性化发展将会引发未来市场需求的变化，各类汽车的自动驾驶等级也会不断提高，汽车行业应充分考虑自身的多域电子电气架构能否满足不断变化的需求。

② 可沿用性和公用性。随着车辆自动驾驶等级的提高和智能网联技术的发展，汽车行业应充分认识到平台的可沿用性和公用性的重要性，确保平台能够长期为大部分用户提供服务。

5.2.2　多域电子电气架构的硬件系统

（1）功能域控制器及关键技术

多域电子电气架构可以通过根据功能对电子控制单元（ECU）进行分类并打造成运算能力更高、接口更多样的功能域控制器（domain controller unit，DCU）的方式来降低 ECU 数量和电子部件质量，缩短总线长度，减少在整车制造方面的成本支出。就目前来看，汽车主机厂家通常会根据设计理念将功能域划分成车控域、智驾域、座舱域等多个不同的域，并将这些域融合为整车控制域。

车控域控制器可利用自身的控制功能实现对整车动力系统、底盘系统和车身系统的有效控制。

智驾域控制器中具有由通用计算单元和 AI 单元组成的计算单元以及实时控制单元和各类接口，能够利用多样化的接口广泛采集各类传感器信号，并借助各类传感器融合算法、高精度地图和导航等工具实现环境识别功能和路径规划功能，同时在此基础上生成相应的整车控制指令，进而达到提高智能驾驶功能等级的效果。具体来说，智驾域控制器功能示意图如图 5-6 所示。

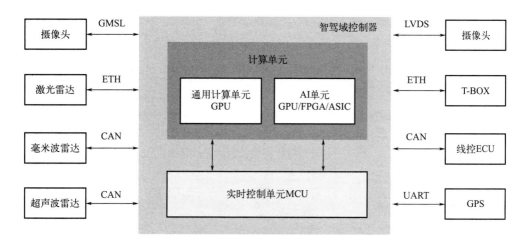

图 5-6 智驾域控制器功能示意图

座舱域控制器既能够作为人机交互的接口支持汽车与人进行信息交互，也具备车联网、远程信息、全液晶仪表、抬头显示器、流媒体后视镜和座舱娱乐系统等功能，能够充分发挥主控芯片、以太网口、实时微处理器、控制器局域网总线（controller area network，CAN）和数字信号处理器等相关部件的作用，构建能够完成多种复杂工作的操作系统，并强化自身的处理能力。具体来说，智能座舱域控制器功能示意图如图 5-7 所示。

（2）区域控制器及关键技术

区域控制器（zonal controller unit，ZCU）具有区域数据中心功能、区域输入/输出（input/output，I/O）中心功能和区域配电中心功能，其功能示意图如图 5-8 所示。其中，区域数据中心可以将 CAN、车载以太网（ethernet，ETH）接口、局域互联网络协议（local interconnect network，LIN）等网络接口作为交换机和区域网关，并在此基础上进行信息通信和路由；区域 I/O 中心具有多样化的接口，可以连接不同的传感器、执行器、显示器；区域配电中心可以向控制器和执行器等用电设备传输电力，支持各项设备正常工作。

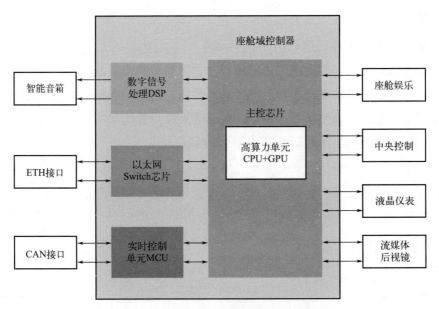

图 5-7　智能座舱域控制器功能示意图

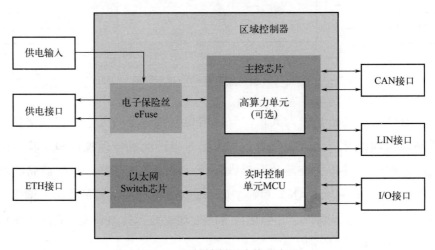

图 5-8　区域控制器功能示意图

现阶段，ZCU 还可以整合并在服务层面抽象化处理区域中的各项 ECU 功能，以便以虚拟化的方式呈现控制 I/O。除此之外，ZCU 还可以充分发挥装配有 ASIL-D 级别的微控制单元（microcontroller unit，MCU）主控芯片的作用，满足车辆控制功能在安全性、可靠性和实时性方面的要求，并逐步将高算力计算单元应用到 ICU 的多域电子电气架构当中。

（3）中央计算单元及关键技术

中央计算单元可以凭借自身强大的算力为车辆实现智能驾驶和智能座舱等功能

提供支持，也可以充分发挥自身在通信方面的优势，利用大带宽、低时延的信息传输网络为区域控制器进行数据交互提供支持，同时还可以支持车辆与云端通过网络进行信息交互。

具体来说，异构多核系统级芯片（system on chip，SoC）是大多数中央计算单元的重要组成部分，可按照形态分为硬件隔离式和软件隔离式两种类型。这两种形态的 SoC 通常以高速串行通信或高速串行计算机扩展总线标准（peripheral component interconnect express，PCI-express）的形式互相连接，且均可通过虚拟化方案来实现对多个操作系统的同时操控。但同时二者之间也存在不同之处，硬件隔离式的操作系统具有专门的硬件资源，能够在设计环节找出核心运行的操作系统，并隔离各项相关硬件；软件隔离式的操作系统并不具备专门的硬件资源，因此需要借助 Hypervisor 层对所需硬件资源进行调配。

（4）电源系统及关键技术

近年来，整车电气负载日渐增多，电气架构不断升级，半导体技术快速发展，电源系统也在这些技术和工具的支持下不断优化设计，就目前来看，电源网络的系统设计和控制设计已逐渐成为汽车行业广泛应用的新型设计。传统的车载电源系统大多借助继电器和熔断器来实现电路控制和电路保护，但继电器和熔断器在使用过后即会损坏，因此无法进行二次利用。而现阶段的 ICV 所应用的电源系统大多借助 MOSFET 的 eFuse 来进行配电，系统中的每个芯片都具备驱动、热保护、过压保护、过流保护、电流检测、开路短路和电磁兼容性（electromagnetic compatibility，EMC）等多项功能，能够在技术层面为车辆电源系统的保护和控制提供支持。

（5）线束系统及关键技术

线束是多域电子电气架构的重要组成部分，也是架构优化设计中不可或缺的系统，能够为车辆实现整车电气电子功能提供强有力的支撑。近年来，线束系统的应用日渐成熟和全面，汽车领域的相关设计人员可以利用 PREEvision 软件对线束系统进行多维度、多目标线束的建模、设计、评估和优化，降低设计过程的复杂度，同时也要厘清各个相关边界，明确各项相关组件的影响，并在此基础上达到提高设计效率和优化设计效果的目的。

5.2.3 多域电子电气架构的通信系统

通信系统是支撑汽车电子电气架构中的各项硬件传输数据信息的重要系统。就目前来看，大多数汽车的通信系统都融合了多种通信技术，如 CAN、LIN、面向多媒体的系统传输（media oriented system transport，MOST）、FlexRay 总线和 ETH。具体来说，各种通信技术特征表如表 5-1 所示。

表5-1　各通信技术特征表

总线名称	通信速率	应用	实时	成本
CAN	125Kb/s ～ 1Mb/s	动力系统、车身电子系统等	否	中
LIN	10 ～ 125Kb/s	车窗升降器控制、后视镜调节等	否	低
MOST	≥ 10Mb/s	汽车导航系统、多媒体娱乐等	否	高
FlexRay	1 ～ 10Mb/s	ABS、悬挂控制、线控转向等	是	高
ETH	≥ 100Mb/s	ADAS、娱乐影音、车联网	否	低

除此之外，第三代 CAN 通信技术 CAN XL 还具备提高 CAN 的传输速度和耦合性的作用，能够综合利用 CAN 和以太网打通基于信号的通信和面向服务的通信之间的信息传输通道。随着车载通信系统的重要性日渐突出，汽车行业将会逐渐加大对车载通信系统的安全性和保密性的重视程度，将光纤通信引入到车载通信、故障诊断和高精度控制等多个相关领域当中，并充分发挥其无辐射、窃听难度大、抗电磁干扰能力强的优势，提高通信的安全性。

近年来，汽车的智能驾驶等级越来越高，ICV 的车载元器件数量呈现出爆炸式增长的趋势，信息数据量也随之迅速上涨，因此汽车行业需要进一步提高车载总线网络的实时性、容错率和传输速率，同时也要考虑到成本支出问题。

就目前来看，CAN 总线存在传输数据量不足和时间同步率低等问题，但仍旧能够凭借在技术方面的优势支撑车载总线技术在 ICV 中发挥作用；除此之外，LIN 总线、MOST 总线和 FlexRay 总线大多针对自身特点作为局域网络接入；与此同时，具有大带宽、低成本等诸多优势的以太网在汽车通信系统中的应用也越来越广泛，未来可能会成为推动车载网络快速发展的关键。

目前，我国汽车领域尚未建立起统一的车载总线协议标准，还需不断对已有的各项车载总线标准进行优化和完善，提高车载总线标准的兼容性和互操作性，以便有效解决多域电子电气架构在数据交换和系统集成方面存在的各类问题。

（1）时间敏感网络通信协议的分析和研究

近年来，高精度传感器在汽车领域的应用越来越广泛，各类汽车的信息娱乐系统的功能也在不断强化，车内数据量随之快速上涨，传统的车载网络难以有效满足当前车辆在数据处理速率和通信带宽方面的要求，因此汽车行业需要借助时间敏感网络（time sensitive network，TSN）来提高数据在以太网中的确定性、实时性和安全性。

具体来说，TSN 可以凭借较大的带宽实现以 10Mb/s ～ 100Gb/s 的传输速率来传递各项相关数据，也能充分发挥非屏蔽双绞线的作用，在实现全双工通信的同时进一步降低屏蔽线缆的成本和重量。不仅如此，TSN 还具备扩展性高和通用性强的优势，可以在不同的车载网络拓扑结构中传输各类应用数据。

（2）基于服务的软件定义网络

传统的车载网络存在开放性低、负载分布不均、报文发送延迟、网络吞吐量低、网络模块兼容性不足等问题，难以支持汽车行业进行产品开发和创新，同时也影响了智能车载系统之间的信息交流。因此汽车行业开始借助软件定义虚拟网络（software defined virtual network，SDVN）的方式对车载网的体系结构进行优化调整。

具体来说，SDVN 能够切分数据转发平面和控制平面，并在集中的控制器中集成各个控制平面，再使用该控制器来实现对车载网络中的各项数据转发平面报文的转发行为的有效控制。

基于服务的 SDVN 存在许多不足之处，受发展阶段的限制，SDVN 在安全性、移动性、服务效率以及部署和标准化等方面仍旧存在许多缺陷，但同时 SDVN 也具有增强网络性能、简化网络管理、加速网络创新、减少网络服务更新代价等作用，能够凭借自身可编程、高灵活的网络架构广泛应用于高效宽带分配和车 - 路 - 云弹性算力分配等场景当中，从而在车载网络中发挥重要作用。

总而言之，随着技术的快速发展和各项相关应用逐渐成熟，未来，车载通信网络将会出现以下几项特征：

① 车载通信协议将出现大带宽、低成本和高安全性的特征，同时车载 TSN 可以为车辆提供大带宽、高安全性、高确定性的网络连接，并确保部分特定场景的总线形式不会发生变化。

② SDVN 在车载网络中的应用能够大幅提高网络的灵活性和可配置性，助力车载网络实现更加多样化的安全功能。

③ SDVN 在车载网络中的应用有助于提高各类通信软件之间的接口的标准化程度和软件的互换性。

5.2.4　多域电子电气架构的软件系统

（1）软件定义汽车

① SDV 的基本理念。近年来，人们在交通方面的要求日渐复杂，因此汽车中所具备的功能不断增多，车辆设计的重点也开始向软件开发转移。就目前来看，ICV 产业已经将软件定义汽车（software defined vehicles，SDV）作为汽车开发、优化、更新和迭代过程中的重要工具，并将软件开发和软件设计融入车辆的整个生命周期当中。

从模式上来看，基于 SDV 的汽车整车开发流程既能够实现用户交互评价信息指导新车开发，也能利用空中下载（over the air，OTA）实现软件持续更新迭代，并以此为基础形成双闭环模式。

基于服务的软件架构主要包含基础平台层、设备抽象层、原子服务层和应用层四部分，具体如图 5-9 所示。

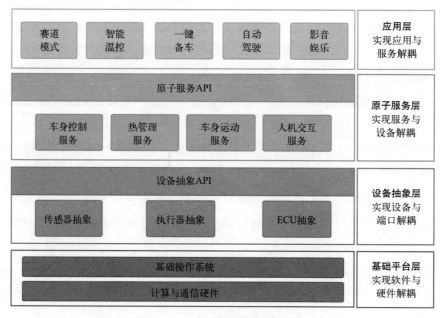

图 5-9　基于服务的软件架构

SDV 可以在软件设计环节从设备抽象层和原子服务层入手提高软件的可复用性和兼容性，降低硬件差异对软件的影响。在应用层，SDV 也可以通过提高各项功能的差异化和定制化程度的方式来打造具有高附加值的软件，同时为用户提供更具个性化的服务，不仅如此，SDV 还可以借助应用程序接口（application program interface，API）来对软件进行简化，并在一定程度上避免出现重复劳动的现象，进而达到提高软件的设计开发效率的目的。总而言之，SDV 和 OTA 等技术在汽车领域的综合应用推动了汽车整车开发流程的革新。

② 软硬件解耦与映射。SDV 的落地应用离不开软硬件解耦的支持，具体来说，软硬件解耦指的是软件系统的设计与硬件之间互相独立，车辆的多域电子电气架构的软件系统需要以抽象化的方式在软件框架中处理硬件接口，以便提高自身对各类硬件设备的兼容性。

标准化的接口定义是实现软硬件解耦过程中不可或缺的一部分，能够为汽车产业的产品开发、验证和售后等活动提供支持。对汽车产业来说，为了提高接口定义的标准化程度，应确保产业分工的合理性和各方参与者在合作方面的积极性和协调性，并制定统一的软硬件接口定义技术规范。

- 软硬件解耦能够解放各个子系统中的数据，强化整车厂的控制能力，进而为整车厂生产出功能更加强大、更加丰富的汽车提供支持，同时也可以在一定程度上优化产业分工。

- 软硬件解耦可以支持集成硬件环境的软件在环测试实现独立验证，进而达到提高整车开发和测试速度以及减少验证成本支出的目的。

- 软硬件解耦有助于推动汽车实现全生命周期升级，同时也能利用 OTA 软件解放各项相关功能，进而达到优化用户体验、增强汽车保值能力以及提高汽车在售后环节的安全性和可维护性的效果。

随着汽车产业的不断发展，当前许多 DCU 和基于 CAN 的测量标定协议（CAN calibration protocal，CCP）都能够赋予汽车多种功能，如智能人机交互、传感器数据处理和高精度控制决策等，汽车功能的多样化发展提高了数据处理的复杂度，因此汽车行业还需解决软硬件映射问题，以便通过在相应的处理器中映射出各类功能软件的方式来提高软硬件的协同性。

汽车的多域电子电气架构中包含大量不同类型的微处理器、异构计算资源和通信链路组合，复杂度较高，因此在实际落地应用过程中需要考虑多项相关因素。在多域电子电气架构发展初期，汽车行业的相关研究人员大多围绕任务通信关系和属性来展开研究工作，并在综合考虑时间、成本、功耗等各项相关因素的基础上完成对单核异构系统的软硬件映射。

近年来，多核嵌入式芯片快速发展，多核分布式异构系统软硬件映射问题所受到的关注也越来越多，汽车行业的相关研究人员开始逐渐加大对与之相关的各类优化设计方法的研究力度，并从能耗和硬件等多个方面确立优化目标，同时也要综合考虑成本、功耗、安全、算力和实时性等方面的各项相关因素，针对车辆功能和实际情况专门进行芯片结构设计，提高软硬件映射的可解耦性。

（2）面向服务的软件设计

面向服务的架构（service oriented architecture，SOA）具有可重用、易升级、易部署、松耦合等特点，能够利用灵活的接口打破软件服务在功能环境方面的限制，扩大服务范围，促进 ICV 软件的发展。

SOA 理念与 SDV 原子服务层和设备抽象层的概念有异曲同工之处，具体来说，SOA 理念要求接口符合 SOA 标准，且与操作系统和硬件平台之间互相独立，能够大幅提高汽车软件的开放性和开源化程度。

现阶段，汽车产业已经逐步落地实施各项 SOA 软件设计方案，并挖掘出了以 SOA 为基础的软件开发模式，力图借助 SOA 来简化系统，降低重复使用各类汽车的软件组件的难度和复杂度。

传统的汽车通信需要在汽车设计环节借助信号来定义通信矩阵，通常采用具有固化和静态化等特点的信号数据量、信号发送周期和信号路由路径。随着技术的不断发展，当前的汽车产业开始革新车内通信方式，提高通信过程的动态化程度和系统运行时配置的灵活性，利用基于服务的中间件在一定程度上抽象化处理应用程序和网络，并在此基础上借助网络连接各项服务和应用。

就目前来看，数据分发服务（data distribution service，DDS）和基于 IP 的可扩展的面向服务的中间件（scalable service-oriented middleware over IP，SOME/IP）都可以在 AutoSAR 中被集成为标准化模块，因此汽车行业常利用这两种面向服务的中间件来完成各项面向服务的汽车软件设计工作。

具体来说，SOME/IP、DDS 和信号驱动的通信机制在通信模式、服务结构和支持协议方面的差别如表 5-2 所示。

表5-2　通信机制对比

项目	SOME/IP	DDS	信号驱动
通信模式	Publish-Subscribe，Request-Response RPC，Fire&Forget	Publish-Subscribe，Request-Response RPC，Fire&Forget	静态订阅
服务结构	基于服务	基于数据	完全静态
支持协议	TCP/IP，UDP/IP	TCP/IP，UDP/IP	CAN，UDP/IP

5.3　智能网联汽车的主要操作系统

5.3.1　安全车载操作系统

随着汽车自动化、智能化控制与驾驶技术的发展，汽车对车载操作系统或应用软件的性能要求、可靠性要求也逐渐提升，汽车产业链中的诸多主体（如一级供应商、主机厂商和智能驾驶软硬件技术方案提供商等）都积极参与到智能化控制与操作系统的研发活动中，以期掌握未来定义智能汽车系统应用生态的主动权。

汽车操作系统以异构分布的硬件架构作为运行载体，为整车感知、零部件感知、运行决策与控制等功能模块提供了框架支撑，并集成了智能网联驾驶生态所需的各类应用软件，在智能网联汽车的数据处理计算、高效运行、安全保障等方面发挥了基础性支撑作用。其中，安全车载操作系统、智能驾驶操作系统和智能座舱操作系统是汽车操作系统中的主要系统，下面我们首先对安全车载操作系统进行简单分析。

安全车载操作系统作为经典车辆控制领域的代表，有着极高的安全性、实时性要求。该系统涵盖了底盘系统、动力系统、车身系统等，目前各类系统生态的发展已经进入成熟阶段。

嵌入式实时操作系统（real-time operating system，RTOS）是安全车载操作系统典型代表，主要应用于 ECU 控制。ECU 需要在短时间内迅速完成数据处理、任务同步和资源分配等动作，有着极高的实时性要求，而 RTOS 具有交互性、多路性、高可靠性、实时性等优点，能够支持 ECU 快速响应各种数据处理需求，其响应速度可以达到毫秒级甚至微秒级。

安全车载操作系统是随着汽车产业的发展而逐渐深化应用的，与车载系统相关的标准体系也不断完善。下面我们对车载操作系统及平台标准的发展情况进行简要介绍。

（1）OSEK/VDX 规范

20 世纪 90 年代，为了解决汽车电子控制软件开发过程中的一系列问题，欧洲的汽车厂商共同讨论、制定了最初的 OSEK/VDX 规范，其内容主要包含操作系统规范、网络管理规范、通信规范和 OSEK 实现语言四个部分。

目前，大部分安全车载操作系统都能够与分布式实时结构标准 OSEK/VDX 和汽车电子软件架构 Classic AUTOSAR（classic automotive open system architecture）相兼容。其中，在 OSEK/VDX 标准的基础上，Classic 平台定义了安全车载操作系统的技术规范。

（2）AUTOSAR 标准架构

随着相关技术、产品进一步升级，OSEK 标准逐渐滞后于相关产业的发展。在 OSEK/VDX 的基础上，AUTOSAR 标准平台兴起。AUTOSAR 标准的实施可以追溯到 2003 年，以宝马、福特、通用、大众、丰田、戴姆勒、大陆、博世等厂商为核心的汽车开放系统架构组织（automotive open system architecture，AUTOSAR）制定并发布了第一版 AUTOSAR 标准，旨在建立一个独立于硬件的分层软件架构平台，并对各种车辆的应用接口和集成标准做出规范，从而减少汽车电子电气架构设计中面临的问题和不同功能领域间的障碍，提高汽车软件的开发效率和适配性。

随着 AUTOSAR 标准的发展，细分出 Classic 和 Adaptive 两个主要规范，分别面向车辆安全控制和智能驾驶性能提出相关标准要求。AUTOSAR 标准平台架构具有开放性强、可扩展性强、横向模块化及纵向分层的特点，有利于促进开发活动降本增效，保障系统架构的可靠性与安全性。目前，AUTOSAR 已经成为国际主流的标准软件架构。

在 AUTOSAR 组织的发展过程中，不断有新的合作伙伴加入，包括各类整车厂商、零部件供应商、软件供应商、半导体制造商和工具供应商等，目前全球已有超过 300 个合作伙伴参与。其中，能够提供完整汽车软件解决方案服务的厂商主要有 KPIT、ETAS、Vector、DS 和 Elektrobit 等。此外，沃尔沃、宝马等老牌汽车厂商还推出了搭载 AUTOSAR 标准架构的车型。

（3）JASPAR 组织

2004 年，日产汽车、丰田汽车、丰通电子等企业共同组建了日本汽车软件标准化组织（Japan automotive software platform architecture，JASPAR），旨在通过制定兼顾汽车软硬件的统一标准，推动车载电子软件的标准化，提高汽车操作系统的适配性和基础软件的再利用率等。目前，JASPAR 组织的成员以日系汽车及配套软硬件产品厂商为主。

（4）我国在相关领域的发展情况

我国的主机厂及零配件供应商大多在 Classic AUTOSAR 的标准架构基础上进行软件开发。例如，长安集团、一汽集团等主机厂采用 Classic AUTOSAR 标准进行 ECU 开发设计；江淮汽车基于 Classic AUTOSAR 标准进行汽车电子系统及软件的开发。2011 年，长安集团、奇瑞集团、一汽集团、上汽集团等主机厂商与高校共同成立了 CASA 联盟，旨在促进中国本土化的 AUTOSAR 架构的发展。

在产品方面，普华基础软件公司（由中国电子科技集团整合优势资源成立）面向汽车行业，推出了以 AUTOSAR 为基础的软件平台和汽车操作系统。目前，部分系统领域内的关键零部件已经实现了量产应用，包括新能源整车控制器（vehicle control unit，VCU）、车身控制模块（body control module，BCM）和电动助力转向系统（electric power steering，EPS）等。

另外，东软睿驰（Neusoft Reach）基于 AUTOSAR 标准推出了一款汽车软件开发平台 NeuSAR，搭载了 Adaptive AUTOSAR、Classic AUTOSAR 等开发系统工具，可以为 OEM（original equipment manufacturer）整车企业及零部件供应商提供智能驾驶系统研发、汽车通信和计算架构等方面的平台服务。

5.3.2 智能驾驶操作系统

随着智能技术、网络通信技术的发展，智能网联汽车相关技术的应用也逐渐成熟，在智能感知、决策与控制方面的算法渐趋复杂，对计算能力、数据交互速率的要求也进一步提高，这一背景下，以 OSEK/VDX 和 Classic AUTOSAR 软件架构为基础的安全车载操作系统已经不再适应智能网联汽车的控制要求。由此，AUTOSAR 组织推出了开放式汽车电子系统架构 Adaptive AUTOSAR，以满足日益增长的计算需求和更为复杂的域控制器和中央计算平台控制要求。

Adaptive AUTOSAR 中采用了标准程序接口 POSIX（portable operating system interface），基于 POSIX 标准的操作系统提供了多线程、多进程支持，可以为相关应用提供更好的服务，适应智能网联汽车智能化控制的需求。目前，Adaptive AUTOSAR 的发展才刚刚起步，其应用生态的建设并不完善，相关供应商、主机厂对其认可度、参与度还有待提升。

发展智能驾驶操作系统是推进智能网联汽车发展应用的必然要求，也是真正实现智能驾驶的基本途径。为了确保驾驶安全，该类系统有着较高的可靠性，且应具备高效的通信能力和对复杂数据的处理能力，其应用生态和关键技术有待发展优化。

随着智能网联汽车的发展，智能驾驶操作系统技术无疑会成为汽车厂商核心竞争力的代表。智能驾驶操作系统的发展具有纵向分层解耦、开发速度快、能够被移植复用等特点。

目前，Linux 和 QNX 是行业内应用最普遍的系统，其他实时操作系统（real-time operating system，RTOS）还包括 VxWorks、FreeRTOS、ThreadX 等。三者的主要特点及差异如表 5-3 所示。

表5-3　智能驾驶操作系统比较

项目指标	Linux	QNX	其他 RTOS
实时性能	需要进行实时性改造	微秒级延时	微秒级延时
开放性	源代码开放	封闭	商用或开放
许可协议	GPL	商用	N/A
费用	无授权费用（商用收费）	Royalty&License	较低或免费
功能安全	ASIL B 有可能	ASIL D	N/A
软件生态	应用生态链完善	汽车领域应用广泛	有限
优势	技术中立，支撑复杂功能	性能强，安全性高	实时性好，启动快
劣势	系统复杂	进程间通信、系统调用开销等	进程间通信、系统调用开销
主要适用范围	智能座舱、信息娱乐、TBOX、ADAS、某些域控制器等	仪表盘、智能座舱、信息娱乐、导航、ADAS、域控制器等	仪表盘、ADAS 等

　　Linux 最初被定位为一款通用操作系统，随着系统的优化迭代，其功能逐渐完善。该系统具有灵活而丰富的通信机制，能够支持大部分 POSIX 标准中多线程、多任务的实时处理；Linux 社区有多种实时性增强 patch，有利于辅助优化操作系统内核，提高系统的实时性能，例如引入了优先级默认继承、中断线程化等技术。

　　Linux 具有内存锁定功能，能够避免关键信息被置换或造成 I/O 操作延迟，确保实时信号机制符合 POSIX 标准。Linux 集成了基于 POSIX 标准的调度算法，例如时间片轮转调度算法、静态优先级抢占式调度算法、FIFO（first in first out）调度算法等。

　　QNX 是一个分布式、可扩展、嵌入式的类 Unix 硬实时操作系统，该系统遵循 POSIX 规范，涉及其中的 POSIX.1（即标准 IEEE Std 1003.1）、POSIX.2（即标准 IEEE Std 1003.2）等部分，该部分标准定义涵盖了程序接口、实时扩展及 Shell 和工具等内容。

　　此外，QNX 与其他系统最大的区别在于采用了微内核结构，微内核被保护在一个独立的地址空间中，只提供进程调度、底层网络通信等基本功能；网络协议、驱动程序和应用程序则处于程序空间中，这使得 QNX 具备了高可靠、高效率的系统性能。

　　基于智能驾驶系统的复杂性，起到重要辅助作用的软件中间件也备受关注。软件中间件能够提供协议对齐、数据交互、计算调度、模块化封装等一系列功能或应用服务，通过模块化、标准化的开发框架进行模块解耦，为应用程序在操作系统上运行和交互提供支撑。

　　以下对 Adaptive AUTOSAR 和 ROS 两种智能驾驶领域的中间件方案进行介绍。

　　（1）Adaptive AUTOSAR

　　近年来，AUTOSAR 组织面向智能网联汽车的发展需求，推出了 Adaptive AUTOSAR（AP）架构。该架构采用了面向服务的架构（SOA）模式，相关应用服务可以基于配置文件动态加载配置和独立更新。与 Classic AUTOSAR（CP）相比，具有更好的计算性能和兼容性，其响应能力、安全性也有所提升。

　　自适应汽车软件架构 Adaptive AUTOSAR 主要是面向新兴的智能驾驶技术需求（包括高速运算、高速通信等）而开发设计的。该平台采用服务化的架构，搭载了多样化的应用服务。其他应用软件或模块可以自由调用其中的一个或多个服务，OEM 厂商可以根据其功能需求自定义服务组合。

　　Adaptive AUTOSAR 平台能够与所有采用 POSIX PSE51 接口的操作系统内核适配，并侧重于系统服务中间层功能的开发，其中包括各类基础功能和服务功能。安全、连接与可升级是该平台的可靠性支撑与重要演进方向：

- 安全：包括功能安全和信息安全。
- 连接：支持车辆自身、车辆与外界的各种通信需求，完善相关通信机制。
- 可升级：在 OTA 技术（over-the-air，是一种基于无线通信网络对软件应用进行远程管理与更新的技术）的支撑下，实现软件的灵活设计与实时、高效管理。

　　目前，Adaptive AUTOSAR 平台仍然采用传统的设计、管理方式，搭载新功能的优化版本会在一定周期内集中发布。

　　（2）ROS

　　ROS（robot operating system）是一种应用于机器人控制领域的软件中间件，提高系统的模块化能力和复用能力是其设计的基础目标。ROS 采用了分布式的进程框架，支持多节点任务的协同，这些进程一般被封装在可分享、易调用的功能包或程序包中。ROS 的架构具体如图 5-10 所示。

　　ROS 具有丰富的开源功能库和工具链，其感知、导航、运动控制等功能模块可以为智能驾驶提供技术支撑，因此许多自动驾驶的原型系统是基于 ROS 开发而来的，例如 AUTOWARE、早期版本的百度 Apollo 等。

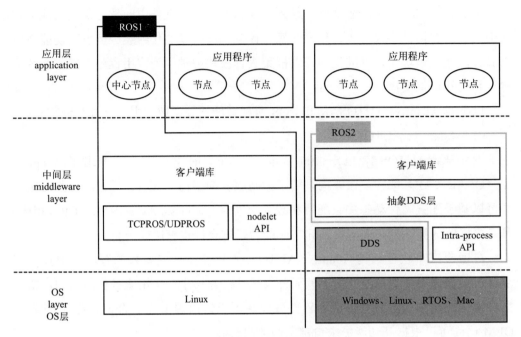

图 5-10　ROS 的架构

　　ROS 的迭代主要经历了 ROS1 和 ROS2 两个版本。在 ROS1 版本中，数据主要依赖中心节点（ROS master）的通信能力，如果中心节点故障，则会影响整个 ROS 系统的通信。为了解决单点失败等可靠性问题，ROS2 取消了中心节点，采用分布式节点注册与发现的通信方式，从而实现高可靠的数据传输与响应。同时，ROS 使用工业级分布式实时通信中间件协议 DDS（data distribution service）作为底层通信机制，可以支持 Windows、Linux、RTOS、Mac 等系统的高效运行。

　　虽然 ROS2 与 ROS1 相比有了较大程度的优化改进，但还不足以满足车规级应用的标准要求，目前，APEX.AI 等公司正在对 ROS 进行研究改进，以真正实现车规级应用支撑。

5.3.3　智能座舱操作系统

　　智能座舱操作系统是一种支持汽车信息娱乐服务的交互平台，它主要为汽车座舱内各种功能设备的管理和控制提供支撑，同时也为多源信息融合的智能化座舱提供了运行环境。该系统对操作可靠性、实时性的要求较上述两个系统更为宽松。

目前，应用较为广泛的智能座舱操作系统包括 Linux、Android、QNX 等。其中，QNX 发展较早，在传统智能座舱操作系统的应用市场中占据主流。近年来，随着汽车通信及智能座舱应用的发展，其信息服务、娱乐服务的属性越来越受到消费者重视，拥有成熟信息服务生态的 Android 系统和开源的 Linux 系统被越来越多的主机厂采用。

目前，在智能座舱操作系统领域还缺乏统一的国际标准，在智能驾驶汽车市场应用较多的智能座舱操作系统可以分为 QNX、基于 Linux 的定制操作系统及 Android 开源车载操作系统（Android Automotive）三个类型。

（1）QNX 应用平台

基于 POSIX 规范的类 Unix 实时操作系统 QNX，除了提供智能驾驶操作控制方面的支撑，在智能座舱领域也发挥了重要作用。目前，QNX 已经通过 ISO 26262 ASIL D 等级的安全认证要求，具备高可靠性、高运行效率等方面的优势，与全球 40 多个品牌合作，为 6000 多万辆汽车提供智能座舱操作系统服务，在全球市场份额中占据绝对优势。

（2）基于 Linux 的定制操作系统

Linux 作为一款功能强大的开放性通用操作系统，可以为智能座舱操作系统的开发应用提供架构基础，目前，以非营利性联盟组织 GENIVI 为代表的群体正致力于促进 Linux 操作系统在智能汽车领域的推广。2016 年，开源车载系统 AGL（automotive grade Linux）项目更新 2.0 版本，该版本可以为智能座舱系统软件设计提供有力支持；特斯拉基于 Linux 开发出智能座舱系统 Version，并在其旗下车型上装配使用；阿里巴巴基于 Linux 开发的智能操作系统 AliOS 在上汽名爵、上汽荣威等多款车型上广泛应用。

（3）Android 开源车载操作系统

近年来，Android 凭借丰富的信息资源和成熟的娱乐生态等优势，跻身于智能网联汽车应用系统的赛道。Android Automotive 作为一款开源操作系统平台，能够为车载信息娱乐系统提供多方面的技术支持。基于该平台高扩展性、定制性的特点，各大互联网厂商、信息服务供应商或车载操作系统提供商，都可以根据不同需求对其进行定制开发，国内比较典型的有百度小度车载 OS、阿里 AliOS、蔚来 NIO OS、小鹏 Xmart OS、比亚迪 DiLink 等系统。

随着汽车功能的智能化、网联化发展，汽车不再只是一种交通工具，而是向着集成了各类信息服务、娱乐服务的智能移动终端转变，智能座舱操作系统可以为各种多样化的应用需求提供有力支撑，其应用生态将进一步发展完善。

5.4　全球典型的汽车电子电气架构

5.4.1　特斯拉：Autopilot 智能驾驶系统

特斯拉在智能驾驶领域中占据着重要地位，研发团队围绕计算平台进行产品、技术上的创新与研发，具有先进性的操作系统、平台软件和芯片硬件构成了其最大的竞争力优势。

在操作系统方面，特斯拉的工程师通过对 Ubuntu 系统进行裁剪优化，完成了对 Linux 内核的实时性改造，进而在此基础上构建了与系统适配的 Autopilot 智能驾驶软件方案，系统功能覆盖了感知、定位、融合、规划、决策、控制执行等全流程。同时，系统中集成了以深度学习框架 PyTorch 为基础的神经网络模型和开源流处理平台 Kafka，可以为海量数据的实时处理提供有力支撑。

依托于强大的 OTA（over-the-air）升级能力，系统能够及时获取并安装新的版本，并充分融合 FSD（full self-driving）套件在自动驾驶域、智能座舱域等方面的功能需求，以云计算生态和数据处理赋能汽车产品与服务的创新。

根据功能划分，特斯拉的车载系统大致可以分为服务于自动驾驶控制的 Autopilot 系统和服务于智能座舱的娱乐系统两部分，系统内各个模块的数据可以通过高速串行总线 FPD-Link 和 CAN 总线进行传递。Autopilot 系统基于数据的高效交互，可以实现融合车内感知与智能驾驶控制的服务闭环，其数据流处理机制如图 5-11 所示。

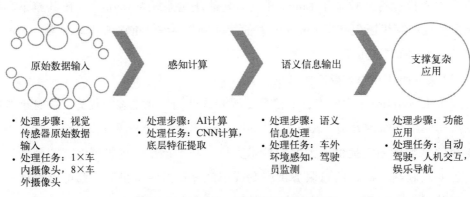

图 5-11　Autopilot 系统数据流处理机制

特斯拉在研发过程中，着力推动汽车软件开发的内部化与自主化，促进 E/E 架构集中化，促进汽车底层硬件标准抽象化与统一化，这为后期产品研发与技术创新提供了便宜条件。从现阶段看，Autopilot 系统基于软硬件解耦策略，沿着资源共享化、功能集中化的方向发展，体现出特斯拉"以软件定义汽车"的设计理念。

特斯拉在打造 Autopilot 整体软件栈的过程中，充分借鉴、融合既有先进理论及技术经验，基于开源项目的兼容优势进行全栈开发，注重对方案提出、具体构建及部署等整个流程的掌控和优化。开源方案的落地有利于改善车端算力服务、改进调度方式，促进云端算力资源优化布局，培育新业务模式并构建新的智能驾驶产业生态。

总体来看，特斯拉"以软件定义汽车"的设计理念将深刻改变汽车产业的盈利模式。实际上，在车辆中预埋高性能硬件的策略可以看作一种投资方式，为购车用户提供持续的软件更新服务则是一种新的盈利途径。特斯拉作为新造车势力的典型代表，其汽车产品还开辟了 OTA（over-the-air）功能升级、OTA 软件付费服务等行业先例。

5.4.2 大众：中央集中式电子电气架构

2012 年，大众在其汽车架构中搭载了 MQB（modularer querbaukasten）模块化平台，基于该平台通用性、灵活性方面的独特优势，可以在汽车生产领域实现降本增效。同时，大众遵循整车制造的理念，从底层架构出发，根据参数配置及不同用户群体的需求差异进行产品设计，促进纯电动车的模块化、规模化的生产与发展，这有助于缩短产品研发周期，加快新品发布节奏，进而驱动销量增长，扩大市场占有率，提升市场竞争力。

此外，大众面向纯电动车的开发需求推出了三款平台，分别为 PPE（premium platform electric）、SPE（sports platform electric） 和 MEB（modular electric drive matrix）。其中，PPE 和 SPE 都定位于中高端车型、都与保时捷合作开发。MEB 则是面向中低端车型的紧凑型纯电动平台，目前与斯柯达、奥迪、西雅特等品牌共享，以下进行详细介绍。

大众 MEB 平台的开发始于 2015 年，平台采用模块化设计，旨在为不同品牌产品的研发提供电动化解决方案，方案内容涉及驱动单元、车轴设计（例如轴距和重量比）、电池设计及零部件位置布局等多个方面。MEB 的中央计算机构中包含了三个主要的车载应用服务器 ICAS（in car application server），分别为 ICAS1、ICAS2 和 ICAS3，它们的作用各有侧重。

- ICAS1：主要可以为电动系统、灯具系统、车身控制、高压驱动等车内应用服务提供运算支持。同时，ICSA1 可以通过不同的网关接入对应网络，为 ECU 提供可靠的跨网通信能力，并具有一定的安全防护功能，保障不同局域网内部的数据安全。

- ICAS2：可以为高级自动驾驶控制提供运算支持，包括车道居中保持、全速自适应巡航等。

- ICAS3：主要负责娱乐系统的控制与管理，通过对各个子系统算法和硬件的集中管理，实现仪表、智能座舱、导航等系统功能的协同运行。

MEB 平台一般围绕电池进行制造，并基于电机、电池组等核心组件的位置进行布局，具有较强的适应性和拓展性。与传统的电气化动力系统相比，其优势表现在以下方面：支持打造不同的车身轴距，为车身内部预留更多的可活动空间，提高了车辆的舒适性；支持灵活配置不同容量的电池，从而提升车辆续航里程；支持高度定制化、高效化的生产，电子电气架构域的集中有利于降低生产成本。

近年来，大众汽车也加快了智能驾驶技术的应用步伐。大众投资 70 亿欧元单独成立软件部门，提升内部软件开发比例（从 10% 提升至 60%），2025 年大众所有新款车都将基于自主研发的 VW.OS 操作系统，应用范围覆盖了自动驾驶、高级驾驶辅助系统、车联网及车载娱乐服务等领域。

VW.OS 的应用促进了大众 E/E 架构（electrical electronic architecture，电子电气架构）的发展，新一代 E/E 架构的优点有：

- 可以支持应用软件与 I/O（输入 / 输出）功能解耦，从而降低二者之间的依赖性和相互影响，减少了整个系统的复杂性，使系统维护更加便利。

- 能够兼容 QNX、Linux 等 POSIX 内核，与 Adaptive AUTOSAR 系统架构功能融合。

- 高效的通信网络和高性能处理器支持数据传输与处理。

- 软件架构设计采用面向服务的通信（service-oriented communication），提高了操作系统的灵活性与扩展性。

- 支持各类用户功能的快速开发。

5.4.3　华为：MDC 智能驾驶计算平台

智能驾驶汽车控制功能的实现，离不开传感器、计算平台、执行器与应用算法四个核心子系统的协同运行。华为 MDC（mobile data center，移动数据中心）就是华为面向智能驾驶需求并融合多年的通信技术研发经验打造的一款计算平台，平台上搭载了 VOS、AOS 和 MDC Core 等智能驾驶操作系统，能够兼容开放系统架构 AUTOSAR（automotive open system architecture），为自动驾驶系统从 L2 至 L5 的演进提供有力支撑。结合配套工具链，华为产业生态的参与者或合作伙伴可以快速开发出适用于不同应用场景的智能驾驶应用。MDC 智能驾驶计算平台的整体架构如图 5-12 所示。

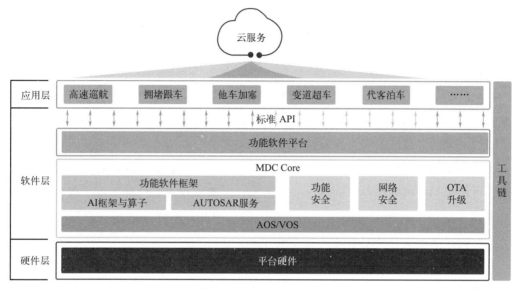

图 5-12 MDC 智能驾驶计算平台整体架构

（1）MDC 智能驾驶计算平台架构

① 异构算力。智能驾驶系统一般通过感知、融合、定位、决策、规划、执行等多个环节完成对车辆的有效控制。不同环节所需要的算力资源不同，例如，对激光雷达采集到的点云数据和摄像头采集到的图像数据的分析处理，都需要大量 CPU 算力或 AI 算力的支持。此外，在定位导航、判断决策、控制执行等逻辑处理环节也需要处理大量数据，且有着较高的时效要求。基于智能驾驶多样化的异构算力需求，MDC 平台硬件集成了支持 CPU 计算和 AI 计算的高性能 SoC 芯片，从而为智能驾驶控制系统提供可扩展的、可靠的算力支撑。

② 软件与工具链。在 MDC 平台上搭载了智能驾驶操作系统 VOS、AOS 和 MDC Core，同时能够为开发者提供完善的配套工具链：

• VOS 与 AOS：华为 VOS 与 AOS 操作系统的汽车功能安全性评级（automotive safety integrity level，ASIL）达到了 ASIL D，其 OS（operating system）内核获得了 CC EAL5+（common criteria evaluation assurance level 5+）安全认证；采用分布式实时通信架构，有利于降低上层应用数据的传递时延；可以与主流基础库和主流 POSIX 标准接口兼容，增强了应用程序的互操作性。

• MDC Core：该组件对外开放，能够兼容 Adaptive AUTOSAR、Classic

AUTOSAR 等开放式系统架构，可以为合作伙伴提供网络安全、功能安全、OTA 升级等多种 API（application programming interface，应用程序编程接口）服务；对智能驾驶基本算法组件之间的开发接口进行统一，使得算法组件的组合更为灵活，提升了研发效率；支持主流的 AI 框架，提供了多样的功能软件框架。总之，MDC Core 的多种功能属性为上层智能驾驶应用的设计、开发、测试、部署与运营提供了良好条件。

● 工具链：为开发者提供了便捷、高效、安全、灵活的工具集，支持进行拖拽式操作和可视化操作，支持自动生成代码；为一站式开发、测试与调整优化提供了条件，辅助端到端的应用开发快速推进。

③ 车路云协同。在真实的驾驶场景中，道路环境是复杂多变的，尤其是在人流、机动车与非机动车混行的路口或在雨雪、大雾等极端天气环境下，仅仅依靠单车智能不足以应对随时可能出现的安全风险。因此，车路协同是提升智能驾驶能力、有效保障车辆行驶安全的重要技术方向。

华为 MDC 平台基于"车—路—云"三级架构，能够为用户提供高质量的 V2X 车路协同服务、OTA 升级服务、云端训练与仿真服务、远程告警与诊断等服务；同时，平台的开放特性为技术的创新、升级、测试与应用提供了环境基础。随着智能驾驶技术不断优化，平台可以为用户提供更高效、安全、可靠的智能驾驶应用服务。

④ 车规级安全。安全性是对智能驾驶系统的最根本要求，也是评估系统性能的关键指标。华为 MDC 平台可以辅助构建多层次、立体化的安全防护体系，从功能安全、信息安全、车规及流程管理三个维度为智能驾驶车辆提供可靠的安全保障。其安全标准落实在以下方面：在系统架构上，赋予从系统、软件、硬件到集成验证等多个层次的安全能力；在系统运行流程上，构建覆盖设计、分析、诊断等环节的安全保护机制；在组织内部，强化人员安全意识，通过相关标准规范约束参与者行为，确保用户隐私数据安全。

⑤ 工业标准化。华为 MDC 平台是基于工业标准化的理念设计研发的，标准化的、统一的行业语言的应用，有利于降低准入门槛并提高产业链生态合作伙伴的参与度，从而推动智能驾驶整体解决方案的实现，对方案各个部件的拆分与移植也更为便利，由此实现智能驾驶汽车产业的降本增效。

（2）MDC 计算平台的特点

MDC 智能驾驶计算平台是华为植根于 ICT 领域经过多年经验、技术积累的成果体现。该平台架构的主要特点如下：

① 与各类主流传感器的适配度较高，可以快速获取来自激光雷达、毫米波雷达、摄像头、IMU（inertial measurement unit，惯性测量单元）等传感器和主流卫星定位系统的数据。

② 可以提供各种软硬件解决方案，且解耦程度较高，支持软硬件分别独立升级。

③ 基于 AI 芯片和 CPU 领域的自研能力，以集成了 AI 与 CPU 运算能力的系统芯片（system on chip，SoC）作为 MDC 平台的硬件载体，可以为智能驾驶操作系统提供可靠的、可扩展的异构算力支撑。

④ 可以与大部分中间层软件适配，可以与 AUTOSAR 和 ROS（robot operating system）等系统架构兼容，可以集成 TensorFlow、Caffe 等深度学习框架并实现自主可控，这为智能驾驶技术的演进提供了充分条件。

⑤ 功能软件采用面向服务的架构（service-oriented architecture，SOA），根据 AUTOSAR 规范定义了智能驾驶基本算法组件框架及软件接口；依托于完善的工具链和灵活的算法组件组合，可以开发出满足不同主体需求、不同场景应用要求的智能驾驶应用。

5.4.4　英伟达：基于芯片的软硬件平台

英伟达（NVIDIA）作为一家行业领先的人工智能计算公司，在硬件芯片开发、芯片系统设计等方面有着突出优势。英伟达凭借其多年的技术优势，面向智能驾驶领域，提供基于自研高性能安全芯片的软硬件平台服务。

（1）智能网联汽车硬件平台体系

英伟达开发的智能驾驶平台 DRIVE 是一款智能化嵌入式超级计算平台，能够快速处理来自普通雷达、激光雷达和摄像头等传感器的数据，并对环境感知、定位导航、路线规划等活动进行控制决策。该平台具有高效节能、外形紧凑等特点，应用功能覆盖了座舱控制、驾驶员监控、智能驾驶控制等多个方面。DRIVE 包含了多个关键组件或开发工具包，以下进行简要介绍。

① DRIVE Orin。DRIVE Orin 以英伟达开发的系统级芯片（system-on-a-chip）DRIVE Orin SoC 作为算力支撑，该芯片具备每秒 254 TOPS（万亿次运算）的计算能力，在智能驾驶控制中可以发挥中央处理器的作用，支持对置信视图、自动驾驶功能、车载娱乐系统 AI 交互等信息的快速处理。开发者通过对可扩展的 DRIVE Orin 产品系列进行开发投资，就可以获得从自动驾驶评级 L2 至 L5 的自动驾驶系统服务。

② DRIVE AGX Pegasus。DRIVE AGX Pegasus 是一款面向 L4 和 L5 级自动驾驶系统推出的高性能计算平台，该平台以两块系统级芯片 NVIDIA Xavier SoC 和 NVIDIA Turing 架构的 GPU 作为算力支撑，具备超过 320 TOPS 的计算能力，为高度自动化、智能化驾驶系统的研发奠定了基础。

③ DRIVE AGX Xavier。基于 Xavier 芯片的 DRIVE AGX Xavier 自动驾驶计算平台，其算力能够达到 30 TOPS，可以满足 L2、L3 等级的自动驾驶标准；而装载了两块 Turing GPU 和两块 Xavier 系统级芯片的 DRIVE AGX Xavier，算力可以达到 320 TOPS，能够满足 L4、L5 等级的自动驾驶标准。此外，NVIDIA Drive 系统软件层可以融合第三方系统架构（如 AUTOSAR、RTOS 等），第三方量产 RTOS 方案能够达到 ASIL D 等级标准。

④ DRIVE Hyperion。DRIVE Hyperion 是一款面向 L2+ 和 L3 级自动驾驶解决方案的汽车开发平台及参考架构。平台采用以 Orin 为基础的 AI 计算方法，搭载了完整的软件堆栈；硬件组方面则集成了包含多个内外部摄像头、超声波雷达或激光雷达的传感器套件。DRIVE Hyperion 能够满足驾驶员监控、OTA 更新等多样化的功能需求，为相应等级自动驾驶汽车的开发、测试、验证及量产等全生命周期提供可靠的服务支持。

⑤ DRIVE Atlan。为了满足未来智能驾驶系统不断增加的智能化、应用优化及安全性方面的计算需求，DRIVE Atlan 采用了先进的 GPU 架构，其运算能力超过 1000 TOPS。

（2）智能网联汽车软件平台体系

软件平台体系的设计优化是智能网联汽车真正具备智能驾驶能力的关键。DRIVE 开放式的软件栈为开发者提供了高效、便捷的开发环境，从而支持车辆的智能感知、地图构建、定位导航、智能决策控制、驾驶员监控、自然语言处理与智能交互等功能的实现。

① DRIVE OS。DRIVE OS 是一款面向加速计算、安全操作等自动驾驶控制需求推出的基础软件堆栈，其功能模块包括支持高效并行计算的 CUDA 库、支持各类传感器信号处理的多媒体处理库 NvMedia、支持高性能深度学习推理和运行加速的 TensorRT 和其他支持访问硬件引擎的开发者工具等。

② DRIVE AV。DRIVE AV 软件栈集成了高质量的深度神经网络（deep neural networks，DNN）模型，可以为智能感知、地图构建、路径规划、车辆操作控制等关键功能提供支撑。同时，其规划和控制层中配置了安全力场（safety force field）计算模组，能够有效保障行驶车辆的安全性。

③ DRIVE Ⅸ。DRIVE Ⅸ 是一款智能体验软件堆栈，主要面向智能座舱的开发

需求提供解决方案，具有灵活性、开放性等突出特点。DRIVE Ⅸ 可以基于 DNN 模型实时感知舱内状态，从而实现 AR/VR 可视化、驾驶员监控、驾驶员与车载 AI 交流互动等功能。

④ DriveWorks SDK。DriveWorks SDK 基于 DRIVE OS 为自动驾驶系统提供了一套符合汽车行业软件标准的加速算法和通用工具，发挥了中间件的作用，具有开放化、模块化的特点。DriveWorks SDK 可以作为数据记录器、传感器插件、DNN 框架及车辆 I/O 支持来使用。

⑤ DRIVE Concierge。DRIVE Concierge 是一款基于 DRIVE Ⅸ 和 Omniverse Avatar 等技术开发的实时对话 AI，可以作为数字助理为用户提供驾驶员监控、语音交互、智能泊车控制、电话呼出等方面的服务。同时，DRIVE Concierge 可以将辅助驾驶平台 DRIVE Chauffeur 中的数据进行可视化呈现，使驾驶员充分了解车辆工况、道路环境情况和控制规划。

5.4.5　百度：Apollo 自动驾驶开放平台

2017 年，百度面向汽车行业和智能驾驶领域，推出了开放软件 Apollo 平台，该平台主要有以下特点：

- 开放性、可扩展性强，大部分硬件采用第三方方案，侧重对系统软件的开发，包括对操作系统、算法功能模块及系统中间件的开发。

- 软硬件端到端的开发方式有助于构建科学的网联云控（Vehicle-to-Everything，V2X）体系。

- 平台不需要针对 AUTOSAR 架构额外开发适配，也无须为了满足平台兼容性、适配性要求改变车辆既有 ECU/MCU。

- 由于核心算法模块是开源的，这为模块的充分产品化与不断优化提供了条件。

- 为多样化的云服务提供平台基础，这些云服务包括高精度地图、基础百度云服务、小度助手（Duer OS）等。

Apollo 平台硬件采用的是第三方的 IPC（inter-process communication，进程间通信）方案。同时，平台搭载了百度自研的辅助性组件——扩展单元 AXU 和传感器单元 ASU。

AXU 可插拔的设计为平台提供了可扩展架构，支持接入额外的 SSD（solid state drive，固态硬盘）、FPGA（field programmable gate array，现场可编程门阵列）

和 GPU 模块，从而为平台带来更多存储空间和算力；ASU 可以辅助实现传感器数据融合、网络访问与车辆控制等功能，ASU 基于多种接口采集到的传感数据通过 PCIe 总线传递到 IPC 中，IPC 的控制指令则通过 ASU 传递至 CAN 总线。

百度面向自动驾驶汽车开发的 Apollo 平台采用了开源软件架构，以下从实时操作系统（real time operating system，RTOS）、运行时框架（runtime framework）和应用程序模块（application modules layer）三个层面进行介绍。

（1）实时操作系统

实时操作系统处于 Apollo 的基础层，其特点是能够在一定时间内执行特定任务。例如，当车载传感器检测到车辆行进方向上的障碍物时，智能驾驶系统可以基于 RTOS 模块，在短时间内对障碍物信息进行分析，包括障碍物类型和运动速度、运动方向等状态，并据此进行判断决策，输出控制指令到执行器执行制动、转向等操作。为了确保车辆行驶安全，对该模块有着较高的时效性、稳定性及可靠性要求。

（2）运行时框架

运行时框架即 Apollo 的操作系统，它是基于 ROS（robot operating system）进行改进优化产生的。Apollo 的运行时框架集成了多样化的工具和程序库，可以辅助开发者进行机器人应用软件的开发，能够提供设备驱动、硬件抽象、可视化、库函数、软件包管理等多种功能服务。

为了使 ROS 更好地适应智能驾驶系统的控制需求，Apollo 的开发团队主要从共享内存、节点去中心化和数据兼容三个方面进行优化。

① 共享内存。共享内存支持"一次写入，多次读取"的数据传输模式，减少了数据访问不同模块时的复制需求，使得传输效率显著提升。例如，激光雷达等传感器采集到的点云数据可以被定位模块、GUI 工具和障碍物检测等模块同时读取，而不必分次复制后传输，这降低了 CPU 资源的占用率，大幅提高了对点云数据的处理效率。

② 节点去中心化。在原有的 ROS 中，一般包含若干节点，每个节点分别对应不同功能，例如负责摄像头图像采集的节点、负责路径规划的节点、负责传递 ECU 控制指令的节点等，这些节点都由单个 ROS 主节点进行控制，而当某一个主节点出现故障时，就会影响相关节点功能的运行。

为了解决上述问题，Apollo 团队采用了去中心化的节点架构，即将相关节点置于一个特定公共域中，各节点的信息都被公共域内的其他节点共享，原来的 ROS 主节点则由公共域取代。这种去中心化的方案实际上是将控制决策权分散到多个节点，从而避免了单点故障带来的风险。

③ 数据兼容。基于智能驾驶控制系统的复杂性，Apollo 应支持大规模的数据交互，而数据兼容性是开发者需要重点关注的问题。通常，不同 ROS 节点之间使用规定的通用接口语言"ROS 消息"进行通信，而当消息文件格式不同于规定的接口语言格式时，节点就无法识别该文件的信息，由此便产生了兼容性问题，进而导致相关控制风险。

为了避免出现上述问题，Apollo 采用了一种能够定义结构化数据的接口语言 Protocol Buffers（即 protobuf），它能够在不破坏既有数据格式的情况下进行扩展和修改，从而使文件具备了更好的兼容性，为不同模块、节点之间的数据传递和存储提供了支撑。

（3）应用程序模块

Apollo 的应用程序模块包含感知、定位、规划、控制、地图引擎等核心模块，此外还包括监控、人机交互等辅助模块。每个模块都有对应的算法库，不同模块通过共同协作，实现对运行车辆的安全控制。

第 **6** 章

智能座舱技术

6.1 智能座舱产业发展与竞争格局

6.1.1 智能座舱技术的演变路径

与传统座舱相比，在仪表盘方面，智能座舱不使用机械仪表盘，而使用液晶仪表盘；在交互方式方面，智能座舱不使用按钮交互，而使用触控交互；在集成度方面，智能座舱的系统集成度更高；在功能方面，智能座舱具有智能化、网联化的车载设备，能够实现更加多样化的信息娱乐功能；在交互性方面，智能座舱具有更强的交互能力和更丰富的交互方式，能够实现人、车、路、云之间的智能交互。总而言之，智能座舱是针对消费者应用需求的人机交互（human machine interface，HMI）体系。

一般来说，智能座舱需要经过电子座舱、智能驾驶助理和智能移动空间三个发展阶段，如图 6-1 所示。

阶段3：智能移动空间
弱化驾驶员角色，以乘客为中心、提供AI场景化服务以及沉浸式体验，围绕用户乘坐体验打造"智能移动空间"

阶段2：智能驾驶助理
各类传感器的应用，使对环境感知、数据收集与处理能力逐渐强大，实现驾驶辅助与系统提升等功能

阶段1：电子座舱
电子信息系统逐步整合，组成电子座舱域，并形成系统分层

图 6-1　智能座舱的发展阶段

就目前来看，我国智能座舱才刚进入智能助理阶段，中控屏幕的尺寸和仪表盘的类型等都出现了巨大变化，大尺寸中控液晶屏和液晶仪表盘逐渐趋向一体化，平视显示器（Head Up Display，HUD）抬头显示和流媒体后视镜等先进设备也开始

被应用于部分车型的车辆当中，同时，人机交互方式变得越来越丰富，智能化程度也得到了提高。随着高度自动驾驶技术的快速发展和深入应用，座舱的智能化程度将不断提高，进而推动车辆快速实现自动驾驶。

（1）智能座舱构成

智能座舱由多个组成部分构成，如图6-2所示。

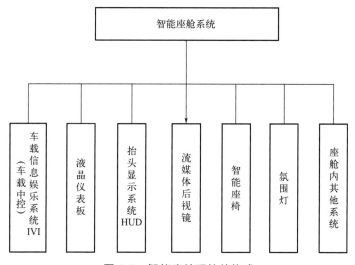

图6-2 智能座舱系统的构成

从硬件上来看，一方面，智能座舱具有液晶仪表板，能够以更具科技感的方式呈现驾驶信息；另一方面，智能座舱具备传统座舱所缺乏的HUD、流媒体后视镜等先进的电子设备，能够为消费者提供更加全面的导航信息、环境信息和娱乐信息。除此之外，智能座舱还融合了人机交互技术，具有人脸识别、语音识别、手势识别、虹膜识别、触摸控制等多种智能化功能，能够为消费者提供更加优质的服务。

（2）智能座舱技术发展

从路径演变方面来看，智能座舱技术的发展过程大致可分为分离式阶段、分域式阶段和集中域式阶段三部分（图6-3）。

① 分离式。传统座舱中的电子控制单元（electronic control unit，ECU）具有算力弱、互不通信、逻辑功能简单、来源不同、耦合程度低、软件固定程度高等特点，主机厂缺乏升级空中下载技术（over the air technology，OTA）的权限和能力，因此这一阶段的智能座舱无法为消费者提供良好的消费体验。

② 分域式。人工智能技术的应用有效提高了座舱的智能化程度，也在一定程

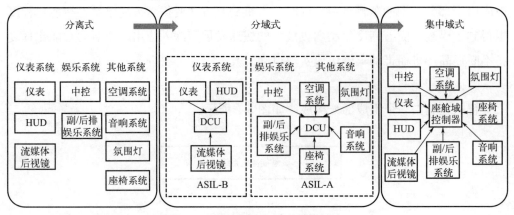

图 6-3　座舱智能化技术路径演变

度上增强了处于不同的汽车安全性等级（automobile safety integration level，ASIL）的中控域与仪表域之间的功能交互。若要进一步提高各个汽车安全性等级之间的交互程度，就需要利用分域方案分别对中控域和仪表域进行集成，并利用总线进行通信，但中控域和仪表域的硬件仍旧由各自的 ECU 来控制。总的来说，分域式方案能够提供优于传统分离式架构的智能化体验。

③ 集中域式。集中域式方案就是使用一个系统级芯片（system on chip，SoC）来控制座舱中的所有部件，并在虚拟机技术的基础上借助软件来隔离两个安全等级不同的区域。从软件上来看，集中域式方案能够实现软硬分离；从硬件上来看，集中域式方案促进硬件集中。由此可见，该方案具有诸多优势，具体来说，主要包括以下两点：

● 集中域式方案运算能力强、通信带宽大，能够实现更加多样化的交互功能；

● 集中域式方案具有软硬解耦、域内集中的特点，能够降低软件 OTA 升级的难度，为实现跨域中央化调度提供助力。

（3）智能座舱功能

在功能方面，现阶段大多数厂商将升级优化智能座舱的重点放在安全辅助、人机交互、视觉舒适、气味舒适、健康舒适、温度舒适和使用便捷等方面。从与各项功能相关的装备安装率上来看，涉及便捷性、温度舒适性和健康舒适性的装备安装率位于座舱所有功能中的首位，与安全辅助、人机交互、视觉舒适和声音舒适相关的装备安装率紧随其后。

6.1.2　智能座舱产业链全景图谱

智能座舱产业链包括上游、中游和下游三部分，如图 6-4 所示。上游主要包括硬件和软件两部分，其中，硬件包括芯片、显示面板、功率插件和印制电路板（printed circuit board，PCB）等部件，软件主要包括各个底层操作系统及其衍生出的应用程序和部分中间软件；中游主要包括仪表、中控和 HUD 等零部件以及融合软硬件的控制系统和显示系统；下游是由来源于中游的零部件构成的智能座舱系统。

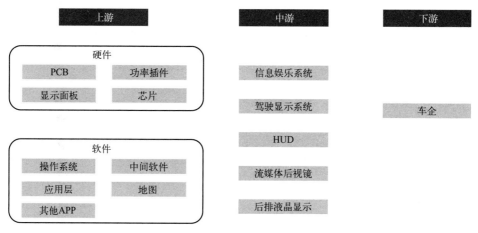

图 6-4　智能座舱产业链

（1）上游

在我国，智能座舱供应链的上游是为一级供应商提供 PCB、芯片、应用程序、显示面板、中间软件、功率半导体、底层操作系统及虚拟层等软硬件部件的二级供应商。产业链上游各产品参与厂商及特点如表 6-1 所示。

表6-1　产业链上游各产品参与厂商及特点

产品	参与厂商	特点
芯片	中低端市场：NXP、德州仪器、瑞萨电子	高通等消费半导体企业自主新势力迅速崛起
	高端市场：联发科、三星、高通、华为、地平线	
底层操作系统及虚拟层	中科创达、东软集团、诚迈科技、四维图新、德赛西威	底层车载操作系统形成 QNX、Linux、Android 三大阵营，Android 凭借开源和广泛的应用生态，市场占有率持续提升
中间软件	IBM、Oracle、普元信息、东方通、宝兰德、中创股份、金蝶天燕、中科创达、东软集团	我国中间件市场主要由 IBM、Oracle 等外资软件公司占据

产品	参与厂商	特点
应用程序	四维图新、高德地图、易图通、凯立德	应用程序种类繁多，主要由众多互联网公司及相应的细分行业厂商提供。前装车载导航地图主要由四维图新、高德地图、易图通、凯立德供应，其中四维图新以 38.3% 的市场占比位居第一
传统电子类	英飞凌、安森美、意法半导体、三菱、东芝、瑞萨电子、闻泰科技、华虹半导体、捷捷微电、扬杰科技等	传统电子类产品主要由传统汽车电子厂商提供
机械电子类	LG Display、JDI、AUO、天马、长信科技、京东方、莱宝高科、微星科技、敬鹏、TTM、CMK、MEIKO、建滔、沪电股份等	显示面板逐渐由 LCD 向 OLED、大尺寸方向发展，越来越多智能座舱开始采用 OLED 方案

（2）中游

在我国，智能座舱供应链的中游是利用上游产出的软硬件部件来生产智能座舱产品的一级供应商，同时，中游的一级供应商也会为下游提供 HUD、行车记录仪、驾驶显示系统、流媒体后视镜、后排液晶显示和车载信息娱乐系统等产品。产业链中游各产品参与厂商及特点如表 6-2 所示。

表6-2　产业链中游各产品参与厂商及特点

产品	参与厂商	特点
车载信息娱乐系统	上市公司：德赛西威、华阳集团、均胜电子、路畅科技、索菱股份 非上市公司：航盛电子、好帮手、远特、博泰车联网、车联天下	国内智能座舱基本以车载娱乐系统（中控屏为主），后期逐步转型增加车载信息系统（以软件解决方案为主）
驾驶信息显示系统	全球前五：大陆、电装、伟世通、日本精机、马瑞利 国内：德赛西威、优化光电、航盛电子、东软集团、上海仪电、比亚迪	中高端车型全液晶仪表处于快速渗透期，未来有望逐渐由中高端向低端快速渗透
HUD 抬头显示	全球前五：日本精机、大陆、电装、伟世通、博世 国内：泽景电子、京龙睿信、衍视科技、华阳集团、未来黑科技等	当前全球 HUD 行业市场集中度高，前五大供应商占据 95% 的市场份额，国内的 HUD 企业相比全球仍在技术和实力上有一定的差距
流媒体后视镜	凌度、贝思特、华阳集团、研勤科技、360 安全科技、小蚁科技、嘉丰卓越、捷渡、好帮手等	现阶段流媒体后视镜市场仍处于培育期，整体渗透率较低，自主 / 合资品牌车型渗透率均在 10% 以内

续表

产品	参与厂商	特点
行车记录仪	凌度、360 等	现阶段行车记录仪前装市场整体渗透率较低，未来提升可期
后排液晶显示	全球前五：伟世通、大陆、博世、夏普、德赛西威	现阶段后排液晶显示市场仍处于培育期，整体渗透率不足 2%，发展潜力大。其中伟世通（26%）、大陆（15%）、博世（7%）、夏普（5%）和德赛西威（4%），合计市场份额为 57%

（3）下游

在我国，智能座舱供应链的下游主要包括上海大众汽车股份有限公司（简称大众）、吉利科技集团有限公司（简称吉利）、长城汽车股份有限公司（简称长城）、上海汽车集团股份有限公司（简称上汽）、比亚迪股份有限公司（简称比亚迪）等传统车企和小鹏汽车、蔚来、理想汽车、特斯拉等势头较猛的新型造车品牌，两种不同的造车品牌之间互相竞争，不断加快各类相关产品推陈出新的速度，提高智能座舱的整体渗透率，随着双方竞争不断加剧，智能座舱行业也会在竞争中快速发展。

在产品方面，传统车企一边加强研发具备智能座舱的电动车，一边大力推广具备智能座舱相关装备的传统燃油车，通过对车辆的智能化革新来加快向自身智能化转型的步伐；一些势头较猛的新型造车品牌则选择为汽车装配部分智能座舱装备或所有智能座舱相关装备的方式来丰富座舱中的功能，从而达到优化消费者体验的目的。

6.1.3 国外典型的智能座舱企业

传统的汽车零部件公司和高科技芯片企业是智能座舱行业的参与主体。其中，大陆集团、博世、中科创达、华阳集团、德赛西威等传统的汽车零部件公司最先开展的业务是制造驾驶舱相关零部件，随后又在 HUD、智能仪表、驾驶安全系统和车载信息娱乐系统等领域陆续布局各项智能座舱相关业务。

部分高科技芯片企业最初致力于研发和生产智能座舱所需的各类芯片，在企业的长期发展过程中，开发软件系统等智能座舱相关部件也逐渐成为企业的重要业务，以恩智浦半导体有限公司和联发科技股份有限公司为例，他们不仅能够研发和生产智能座舱相关芯片，还能够开发出智能仪表和车载信息娱乐系统等智能座舱相关部件。

从整体布局方面来看，传统的汽车零部件公司没有在芯片领域进行布局，但在 HUD、智能仪表和软件系统等其他领域均有布局；而高科技芯片企业专注于芯片领域，但却并未在其他领域进行广泛布局，高通公司和英特尔等芯片领域的领军企业仍旧是智能座舱中芯片的主要供应商。由此可见，传统的汽车零部件公司和高科技芯片企业之间，传统的汽车零部件公司在智能座舱领域的布局更为广泛。

从国际市场方面来看，智能座舱行业的竞争格局具有分散化的特点，如图 6-5 所示。智能座舱行业的参与主体包括大陆、博世、弗吉亚、伟世通等作为一级汽车供应商的零部件公司和哈曼国际、先锋电子、日本松下电器等消费电子企业。其中，零部件企业能够借助自身与车企之间密切的关系来获取市场份额；消费电子企业则利用自身在电子消费领域的技术优势加快推动在汽车智能座舱领域的布局。

企业类型	传统零部件企业	消费电子企业
竞争产品	车载信息娱乐系统、液晶仪表、中控显示屏、抬头显示、后座娱乐、汽车座椅内饰等	车载信息娱乐系统、液晶仪表盘、车载导航系统、监视器、汽车音响、高精度地图、抬头显示等
竞争对手	Visteon BOSCH DENSO Faurecia DELPHI Continental	HARMAN ALPS Pioneer 先锋 Panasonic
市场状况	外资竞争格局集中度较高，基本围绕工业强国美国、日本、德国这三个国家，可分为传统老牌龙头零部件供应商和消费电子企业两大类：如博世、大陆、电装等依托原有制造底蕴和客户资源，加速向智能化方向转型；消费电子企业如哈曼、阿尔派、先锋等则凭借自身技术和品牌效应将业务范围拓展至汽车领域，并在全球竞争格局中占得一席之地	

图 6-5　智能座舱的外资竞争格局

从产品类型方面来看，国际市场中的智能座舱相关产品的类型十分丰富。具体来说，传统的汽车零部件公司具有导航系统、多媒体信息系统等多种产品的生产线，能够提供多种类型的产品；消费电子企业也在不断创新 HUD、液晶仪表等智能座舱相关产品。

从客户资源方面来看，博世、伟世通等汽车零部件公司的产品主要面向大众、奔驰、宝马等车企，客户资源具有高端、丰富的特点；而松下、哈曼国际等消费电子企业由于从电子消费领域转型发展智能座舱，因此在该领域积累的客户资源要少于一些传统的汽车零部件公司。

（1）博世

作为全球第一大汽车技术供应商，博世不断提升自身的研发能力，推动智能座舱相关技术的研发工作，加强对驾乘人员监测系统、信息娱乐车载电脑、5G-V2X车载互联控制单元等技术和相关产品应用的研发，并扩大自身在智能座舱领域的市场影响力。2019年7月，博世正式启用博世汽车多媒体事业部未来驾舱（上海）技术中心，支持智能座舱领域相关产品的开发和创新；2021年，博世在上海国际车展上公开智能座舱领域的最新解决方案，将智能座舱作为未来业务发展的重点领域；2022年，博世成为世界范围内第一个实现智能座舱域控制器客户项目量产的企业。

基于高通SA8155芯片平台的博世第一代智能座舱域控制器能够在电子控制单元中集成信息娱乐和仪表域的计算功能，从而实现灵活性、可扩展性以及模块化程度的提高。不仅如此，博世第一代智能座舱域控制器还可支持8块物理屏显示和12路摄像头信号输入，能够充分满足智能座舱中各个系统的运算需求。

（2）弗吉亚

弗吉亚是世界第七大汽车技术供应商，其主要业务领域包括座椅系统、内饰系统、外饰系统和排放控制技术系统。弗吉亚是汽车零部件产品的一级供应商，能够集成智能座舱相关软硬件产品，并在此基础上进一步开拓出新的业务模式。

佛吉亚的高端座舱域控制器能够量产车载信息娱乐系统，实现HUD、中控屏、液晶仪表和后排双屏之间的联动，进而降低驾驶员与乘客、车辆之间交互的复杂性。不仅如此，智能座舱中还装配了雷达和车载摄像头，能够实现实时监测功能，同时也能支持座椅与电子通风系统之间的声光交互。

除此之外，弗吉亚还能够提供大多数企业无法提供的整套智能座舱解决方案，该方案涵盖了氛围灯、主动降噪、电子出风口、零重力座椅、座舱域控制器、前后排多屏互动、IRYStec显示增强等智能座舱内所有的相关设备和系统，能够全面优化座舱体验。

（3）伟世通

伟世通是一家为世界各国的主要汽车制造商提供座舱电子产品设计、研发和制造服务以及智能网联汽车解决方案的科技公司。从技术上来看，伟世通不仅开发出了DriveCore™自动驾驶平台，还具备显示屏、仪表盘、抬头显示、车载信息娱乐和座舱域控制器等智能座舱相关技术，能够推动智能座舱相关产品创新发展。

伟世通研发的SmartCore座舱域控制器中装配了高通公司开发的第三代骁龙汽车数字座舱平台和湖北亿咖通科技有限公司（简称亿咖通）开发的智能座舱系统，

能够进一步优化智能座舱中的驾乘人员的驾驶体验和乘车体验。例如，2022 年 3 月，吉利汽车发布吉利全新 SUV 星越 L，该车型的汽车中配备了亿咖通科技智能座舱系统、第三代高通骁龙汽车数字座舱平台和伟世通的 Smartcore 座舱域控制器，能够为驾乘人员提供更加丰富的智能化服务，不仅如此，星越 L 也是第一个装配 SmartCore 域控制器的量产车型，由此可见，伟世通已经实现了智能座舱领域全新技术解决方案的量产落地。

现阶段，伟世通 SmartCore 座舱域控制器已经实现了车机 ECU 和汽车仪表 ECU 的一体化，随着伟世通对智能座舱相关技术的不断研发，伟世通 SmartCore 座舱域控制器将逐步集成多个显示域，进一步推动智能座舱领域快速发展。

6.1.4 国内典型的智能座舱企业

与在智能座舱领域处于世界领先地位的企业相比，我国的智能座舱企业还存在许多不足之处。随着人工智能技术的不断发展，智能化应用日渐增多，我国逐步走进智能化时代，部分智能化企业也应运而生。但就目前来看，我国大多数车企属于自主品牌车企，而德赛西威、华阳集团、中科创达等部分车企则正利用自身的智能座舱领域相关产品向外资车企或合资车企转型发展。

现阶段，我国智能座舱行业的参与主体包括上市公司和非上市公司两部分，如图 6-6 所示。其中，上市公司主要包括德赛西威、华阳集团、中科创达、均胜电子、华域汽车等企业，非上市公司主要包括华为、好帮手、远特科技、飞歌等企业。

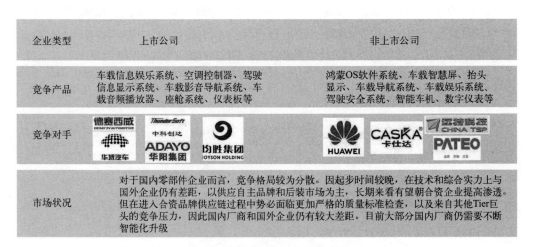

图 6-6 智能座舱的国内竞争格局

（1）华阳集团

华阳集团的业务板块涵盖 ADAS、车联网、车身显示、车身控制、信息娱乐系统和智能驾驶舱解决方案等多个类型的产品。随着智能汽车产业的快速发展，华阳集团积极布局汽车产业，不断完善汽车智能驾驶座舱产品线，并围绕汽车业务继续拓展其他相关业务，进而构建起具有强大的市场竞争力的汽车产业链。

现阶段，华阳集团的客户资源大多来自上汽、长城、吉利、中国长安汽车集团有限公司（简称长安）、广州汽车集团有限公司（简称广汽）、北京汽车集团有限公司（简称北汽）、中国第一汽车集团有限公司（简称一汽）、上汽通用五菱汽车股份有限公司（简称通用五菱）等国内自主品牌中的先进企业，除此之外，新能源领域的小鹏、威马汽车等汽车品牌以及华为也是华阳集团的合作对象，其配套公司产品的部分车型如表 6-3 所示。

表6-3　华阳集团配套公司产品的部分车型

华阳产品类型	车厂	配套车型	类型	车型情况	上市时间	售价区间／万元
HUD	东风日产	启辰星	SUV	新车型	2020 年 Q2	10.96 ～ 14.96
	长城	哈弗 H6 第三代	SUV	换代	2020 年 Q3	9.8 ～ 15.49
		哈弗大狗	SUV	新车型	2020 年 Q3	11.99 ～ 15.59
		哈弗初恋	SUV	新车型	2021 年 Q1	7.89 ～ 11.29
双联屏（中控屏＋液晶仪表盘）	长安	UNI-T	SUV	新车型	2020 年 Q2	11.59 ～ 13.39
流媒体后视镜	长城	WEY VV5	SUV	新车型	2017 年 Q3	12.58 ～ 14.78
		WEY VV7	SUV	新车型	2017 年 Q2	16.78 ～ 18.88
"煜眼" ADAS	上汽通用五菱	新宝骏 E300	微型车	新车型	2020 年 Q2	6.48 ～ 8.58
车载无线充电	长城	WEY 坦克 300	SUV	新车型	2020 年 Q4	17.58 ～ 21.38

华阳集团是我国 HUD 行业的领军企业，根据前瞻研究院与智慧芽数据，截至 2022 年 6 月，华阳集团共持有 HUD 相关专利 99 件，其 HUD 相关专利的持有量在我国居于首位。目前，华阳集团已经研发出 C-HUD、W-HUD、AR-HUD 产品及解决方案，并将这些较为成熟的产品和解决方案应用到智能座舱当中，提高汽车座舱的智能化程度，同时，也并未忽视对相关产品、技术以及系统的更新和完善。以 AR-HUD 产品为例，该产品是 HUD 技术落地应用的主要方向，能够实现与其他智

能座舱相关产品的综合应用，进而在汽车产业当中发挥出更大的应用价值，华阳多媒体通过构建 AR-HUD 功能平台的方式实现了导航、DMS 眼球跟踪、FCE 前向碰撞预警、LKA 车道保持系统、AEB 紧急制动报警、LOW 偏道报警系统等多项功能、多个系统的融合应用。除此之外，2022 年第四季度，华阳集团有多个 AR-HUD 新项目实现量产，同时也再次获得了许多新的定点项目。

（2）德赛西威

德赛西威是我国最大的汽车电子企业之一，致力于促进智能座舱、智能驾驶和网联服务融合发展，并为汽车产业的发展提供具有电子化、集成化特点的产品和技术，其业务板块涵盖域控制器、显示模组与系统、驾驶信息显示系统、智能驾驶辅助系统、车载信息娱乐系统等多个领域，合作伙伴涉及一汽、上汽、吉利、长城、广汽、小鹏、理想、蔚来、大众、奇瑞、宝沃、马自达、沃尔沃等众多车企。德赛西威智能座舱产品在各大车厂的部分配套情况如表 6-4 所示。

表6-4　德赛西威智能座舱产品在各大车厂的部分配套情况

系统	产品	2018	2019	2020
智能座舱	显示模组与系统	在多个车厂实现量产，获得一汽大众、上汽大众、吉利汽车等车厂新项目订单	获得一汽大众、上汽大众、吉利汽车、广汽乘用车、上汽通用五菱等车厂的新项目订单	已覆盖国内大部分主流 OEM 客户，获得一汽红旗、东风乘用车新项目订单
	可配置仪表及中控显示系统	获得比亚迪、吉利、长城、奇瑞、广汽乘用车等众多车厂新项目订单	液晶仪表获得比亚迪、广汽乘用车、吉利、长城、奇瑞等新项目订单	液晶仪表业务突破一汽红旗等新客户
	多屏智能座舱产品		在理想、长安、奇瑞配套量产，获得广汽集团、长城、长安、奇瑞、天际新项目订单	在广汽乘用车、长城、天际等国内车企的车型上规模配套量产，量产了基于 Hypervisor 架构的新一代智能座舱

目前，德赛西威开发的多屏智能座舱产品已经被应用于理想、长安、奇瑞、长城、天际汽车科技集团有限公司（简称天际）等车企的车辆生产当中。2019 年 6 月，德赛西威在上海国际消费类电子产品展览会（International Consumer Electronics Show，CES）上发布智能座舱 3.0 版本，并将这种配备了四块液晶屏和骁龙 820A 芯片的智能座舱用于理想 ONE 当中。

不仅如此，德赛西威还开发出了具有先进的 AR 导航功能以及装配了 QNX

Hypervisor 和 QNX Neutrino 实时操作系统（real time operating system，RTOS）的域控制器，且以 Hypervisor 架构为基础的新一代智能座舱，并在 2020 年实现量产。具体来说，QNX Hypervisor 在域控制器中的应用既能增强 QNX Neutrino 的性能和可靠性，也能确保各个操作系统共存于同一 SoC 中时的安全性以及仪表功能的安全性，同时 Android 9.0 系统也能够为用户提供更加多样化的信息娱乐服务。对德赛西威的开发人员来说，QNX Hypervisor 可用于隔离安全关键型系统和信息娱乐系统，避免出现故障的组件影响关键系统的运行状态。现阶段，瑞虎 8 Plus 和捷途 X90 都已经将 QNX Hypervisor 应用到了智能座舱当中。

2021 年 4 月，德赛西威与华为签署了全场景智慧出行生态解决方案合作协议，并确立了针对测试能力共建、车载生态联合创新、HiCar 解决方案平台级合作等多个方面的多项合作。

（3）均胜电子

均胜电子是我国的一家高成长型汽车零部件供应商，其业务覆盖车联网、自动驾驶、智能座舱和主被动安全等多个领域，能够为全球各国的车企提供汽车安全、智能网联驾驶相关产品和服务，推动汽车产业向智能化发展。从形态上来看，智能座舱产品可分为仪表盘、中控娱乐系统和抬头显示系统等多种类型，这些产品在智能座舱领域的应用可以助力智能汽车实现地图导航、车机娱乐、多模态交互等诸多功能，进而为驾乘人员提供更多方便。

图 6-7 所示为均胜电子 HMI 业务的主要产品。作为我国 HMI 行业中的头部企业，均胜电子大力推动传感器系统、电子控制单元、空调控制系统以及驾驶员控制系统等多种 HMI 产品向智能化转型升级，力图通过优化 HMI 产品来充分发挥 HMI 业务潜力，扩大 HMI 市场规模。

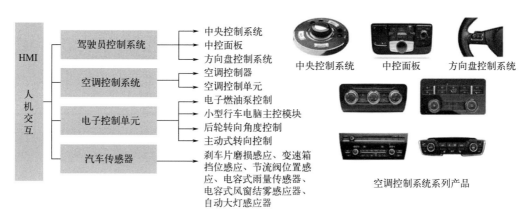

图 6-7　均胜电子 HMI 业务主要产品

2011 年，均胜电子与德国普瑞共同投资成立宁波普瑞均胜汽车电子有限公司（简称普瑞均胜），该公司已开发出一系列较为成熟的 HMI 产品，并将这些产品提供给大众、宝马、奥迪、上海通用汽车金融有限公司（简称通用）、福特汽车公司（简称福特）、戴姆勒股份公司（简称戴姆勒）、保时捷汽车股份有限公司（简称保时捷）等国内外车企。长期以来，普瑞均胜积极开拓我国的 HMI 市场，大力发展 HMI 业务，目前，普瑞均胜已经成为一汽大众、上汽大众、上汽通用、长安福特、特斯拉中国等多家合资车企供应链中的其中一环，同时也大幅提高了我国 HMI 市场的增长速度。

随着各种人工智能技术在汽车领域的应用越来越广泛，均胜电子也大力推动人工智能技术与智能座舱领域融合，将手势识别和语音控制等新兴的人工智能技术应用到 HMI 产品当中，丰富 HMI 产品的功能，提高 HMI 产品的智能化程度。以奔驰 AMG 车型中的转向盘触控功能为例，均胜电子将主动反馈和语音控制等智能化技术与座舱内的导航系统、多媒体系统以及信息通信系统等进行深度融合，提高导航控制、巡航、多媒体和信息通信功能的智能化水平，进而实现更加智能化的转向盘触控功能。除此之外，均胜电子还将手写输入、磁触感按钮、触觉主动力反馈等技术应用到智能驾驶控制模块当中，进而助力宝马 i 品牌的智能汽车实现智能语音控制功能。

2021 年 8 月，均胜电子旗下的子公司宁波均联智行科技股份有限公司（简称均联智行）签署战略合作协议，针对智能座舱领域展开合作，进一步推动双方合作产品与华为的智能座舱相关芯片、均联智行的软件架构和硬件架构、鸿蒙操作系统、鸿蒙应用生态、HMS-A 核心能力平台的深入融合，从而优化智能座舱相关产品，为消费者提供更加优质的服务。同时，均联智行还以华为的平台能力为基础，以域控制器和操作系统为切入点，充分发挥双方优势，开发更加完善的智能座舱解决方案，加速汽车座舱的智能化升级，并扩大智能座舱相关产品的应用市场。就目前来看，均联智行已与我国多家车企和自主品牌签署订单协议，同时也在不断加快搭载合作产品的量产车型的研发工作。

6.2　智能座舱架构与功能开发流程

6.2.1　智能座舱系统的基础架构

智能座舱主要涵盖了底层硬件、平台功能软件、系统功能软件和服务层等 4 层结构，如图 6-8 所示。

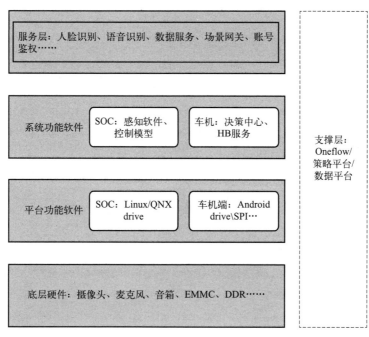

图 6-8 智能座舱系统的基础架构

① 底层硬件。主要包括摄像头、麦克风、音箱、EMMC（embedded multi media card）和内嵌式存储器内存 DDR（double data rate，双倍速率同步动态随机存储器）等。

② 平台功能软件。由驾驶域系统驱动（Linux/QNX drive）和座舱域系统驱动（Android drive\SPI）两部分构成。

③ 系统功能软件。主要包括座舱感知系统，分为智能座舱本体自用和与智能驾驶系统合用的两部分，此外上层还包括功能安全分析层。

④ 服务层。包括人脸识别、语音识别、数据服务、场景网关和账号鉴权等功能。

智能座舱交互系统有较强的独立性，能够独立迭代，基于空中下载技术（over-the-air technology，简称 OTA），可以实现每月自主定期更新。智能座舱交互系统的信息交互流程模型如图 6-9 所示。由于智能座舱领域更加强调交互性，因此更加注重智能互联技术的应用，对其数据流的传递效率、网络通信性能都有较高的要求。

整个智能座舱系统主要由车机硬件、图像或语音处理芯片、系统及中间件平台、车机服务、决策中心、交互运用和云端服务等几部分组成，以下进行简要介绍：

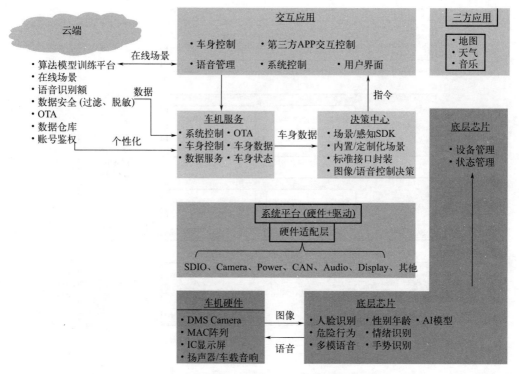

图 6-9　智能座舱交互系统的信息交互流程模型

（1）车机硬件

该部分主要包含感光元件、应声元件（车载音响）和显示屏等硬件设施，其功能是接收 DMS（driver monitor system，驾驶员监测系统）摄像头采集到的驾驶员面部或驾驶动作信息、OMS（occupant monitoring system，乘客监测系统）输入的乘客信息和驾乘人员输入的语音信息。

（2）图像或语音处理芯片

智能座舱系统中的图像或语音处理芯片，可以支持车载智能系统进行多模态的语音识别、危险动作和行为识别、手势识别、人脸信息和情绪识别等，并在有限步骤内完成数据运算。其主要作用及结构分类如下：

● 感知软件：一般包含基础组件、管理插件、数据闭环的数据埋点和多模态感知算法。

● 功能安全：通过芯片处理，可同时满足软件层面和硬件层面的安全分析功能。

● 系统管理：包括功能安全管理、组件配置、生命周期控制、底层 OTA 自动运行等。

● 公共管理：包括对软件配置情况、基础运行情况和连接情况的管理。

（3）系统及中间件平台

在该系统平台层面，也需要建立智能座舱所需的硬件适配及驱动控制单元，该层面主要包括了编解码器、电源能量分配单元、安全数字输入输出单元、CAN（controller area network，控制器局域网络）通信单元显示屏、音频输出单元等。

（4）车机服务

车机服务涉及车身数据和车底盘状况数据采集、车身控制、系统控制、数据处理运算等任务，车机服务所提供的功能支持，是整个智能座舱的重点服务项目。以下对可实现的具体服务功能进行简要介绍：

● AI 芯片管理：包括对 AI 芯片本身及上层系统的协调、联动与管理，具体可以实现 OTA、系统运行流程监测等功能。

● 感知数据软件包 SDK（software development kit，软件开发工具包）：不仅具有数据包 Pack 的录制功能，还能够为 AI 芯片算法提供所需的感知数据结果。

● 控制软件包 SDK：控制录制开关和感知算法开关，可以对软件生命周期进行管理。

● 应用框架：为其他组件功能的实现提供支撑，辅助相关环节有序推进，应用场合定义、多模态语义解析等。

● 业务层：基于应用框架，是相关业务实现的宏观层面，支持的业务包括工作模式定义、OTA、FaceID 注册等。

（5）决策中心

决策中心一般通过感知 SDK 的方式来构建场景 SDK，从而获得定制化的场景、图像及语音感知能力。

多模态座舱交互应用技术框架中涉及对图像（手势识别）和语音的感知处理，其处理流程主要有：定义车身数据库、定义车内感知数据库、搭建用户行为数据库，将 SDK 与云端匹配，进而实现全流程联调服务推荐功能。端上场景 SDK 功能是通过输入用户行为数据并进行个性化配置来实现的，用户行为数据的收集涉及两个步骤：先采集用户在常见场景中的行为数据，然后再进行筛选确认。该交互系统不仅可以辅助驾驶员进行车辆控制，还能够提供音乐、视频等娱乐服务和支付等常规服务推荐功能。

（6）交互应用

整个交互应用系统涵盖了驾驶员会使用到的最主要的功能，除了车身控制、系统控制等核心功能外，还涉及用户界面、语音播报和对第三方 APP（例如音乐、地图、天气等）的交互控制，其中对第三方应用的控制有一定的限制条件。

（7）云端服务

智能座舱云端服务，包含在线场景仿真、算法模型训练、OTA管理、数据安全、账号服务、数据仓储等。云端服务可缓解因大量数据交互带来的存储和运算方面的压力，同时，强大的云计算和管理能力，也能较好地满足智能座舱海量的算力算法模块处理需求。

- 场景网关：融合了多项服务功能，可以基于对驾驶员面部特征、驾驶行为和语音的识别与监控，来准确地理解场景，并根据对场景需求的分析进行推送。
- 账号鉴权：验证接入的服务是否拥有访问系统的权利，为授权账号提供服务。
- Face ID：基于人脸识别技术识别驾驶人员身份。
- 数据闭环管理：OTA升级、平台承接数据接入等。

6.2.2 智能座舱平台的算法类型

近年来，随着智能算法的逐步普及，智能座舱的显著特点表现为，车辆支持自主或半自主决策功能，搭载了语音和手势操作系统（相关技术目前取得了一定突破），应用软硬件一体化聚合的车内结构，使车辆的整体自动感知能力更加精细。从上车、行驶到下车的整个过程中，车辆可以为驾驶员提供适应不同情境的交互动作和服务，AI座舱的核心价值即体现于此，这也被称为SOA（service-oriented architecture，面向服务架构）的智能车服务。

目前，一部分传统座舱虽然引入了辅助驾驶功能，但驾驶员不得不被动适应驾驶舱的交互模式，包括理解系统功能、使用限制和输入或输出关系等，并不能真正为驾驶员提供便利。与传统座舱相比，该型座舱的交互模式已经大大简化。

在后续版本的架构中，智能座舱的交互性能将进一步提高，交互环境也更加友好，并有望实现手势控制和语音控制领域的技术突破，通过多种感知手段升级融合，能够使感知的精确度、主动性大大提高。

随着智能座舱的发展趋势越趋显著，相关系统算法数量也快速增长，算力需求不断增加。2021年，摄像头监控范围可以覆盖轿车乘客，而智能视觉监控系统（in-cabin monitoring system，IMS）的有效范围限定在5人；2022年，能够驱动300多个场景应用的算法已经超过150个；2023年，随着开放性车载系统生态不断完善，来自第三方的感知系统能够更好地与车辆兼容、适配，带动感知性能提升，同时也可以为全车的离线多模语音交互提供更多的算力支持。

得益于算力的增长，未来可以实现全智能座舱 AI 在语音、视觉等方面的多模态融合；在数据方面，对数据的整体处理效率大幅提高。

根据功能和目标的差异，智能座舱算法模块主要可以分为以下几类：

- 驾驶员面部识别类：由眼球检测、人头检测、人眼跟踪三部分组成。
- 驾驶员动作识别类：包含嘴唇动作检测、身体活动幅度检测、手势命令识别等。
- 座舱声音识别类：语音性别检测、声纹检测、语音年龄检测、前排双音区检测等。
- 座舱光线识别类：座舱内装饰、座舱氛围灯控制、座舱主体的背景显示。

功能覆盖较为全面的智能座舱算法库如图 6-10 所示。

智能座舱算法库		
驾驶员面部检测	眼睛及动作检测	动作及语音检测
人脸检测	睁闭眼检测	静态手势识别
人头检测	眼镜光斑移除	动态手势识别
人体检测		
人脸跟踪	眼镜光斑检测	人手跟踪
人手检测	打哈欠检测	唇部特征提取
头部姿态估计		
人体姿态估计	眼镜睁闭程度检测	唇语命令词识别
图像遮挡识别	视线角度回归	宠物检测
图像模糊程度检测	眼球3D重建	人脸光流估计
图像明确度检测		
车内区域分割	视线区域检测	多模通用识别
边缘提取模型	注视物体检测	自定义多模唤醒词
人脸分割		
人脸检索	打电话识别	多模自然语言理解

图 6-10　功能覆盖较为全面的智能座舱算法库

智能座舱中的麦克风数量，已由传统的集中式双麦克风和分布式4麦克风，逐步演变为分布式的6～8个麦克风；算力需求的大量增长，带动传感系统性能增强，车内传感器的像素和数量都有显著的提升，这也是顺应车载智能交互需求发展趋势的体现。

6.2.3 智能座舱平台的开发流程

如图6-11所示，在智能座舱开发中，可以在场景库中进行新场景的自主定义；使用人机交互（human machine interaction，简称HMI）设计工具来设计完成系统的UE/UI（包括交互逻辑设计和界面）；搭建智能汽车HMI开发框架和平台，并完成硬件系统和软件系统的开发；在整个开发过程中，无论是阶段性单元测试，还是集成测试，测试工程师都能在各个阶段进行覆盖，并将测试结果装载到车端；维护工作则贯穿于从开发到测试的全方位、全流程。

图6-11 智能座舱平台的开发流程

此外，与智能座舱平台开发相关的车辆运营管理系统以及数据采集分析系统等的搭建，以及后续软件开发流程和涉及的部分环节如图6-12所示。

（1）数据开发框架

基于开发框架的开发平台本身，就是一个持续进行数据处理的全流程闭环控制系统，整个闭环的数据处理过程主要涉及四大环节，包括数据采集、数据筛选、数据标注、数据训练。从最初采集数据到最终生成数据模型，其目的是通过不断计算来获取符合具体场景需求的数据真值。

其中，数据采集主要是通过调用后台数据（或离线数据）对数据进行挖掘；然后根据设置的规则或条件，筛选出符合要求的数据并将其传递到数据标注模块；再利用标注数据进行模型训练，训练的同时需要同步更新信息并进行评测，进而完成初版数据模型的构建；然后将训练好的模型集成到软件模块中，进行软件功能测试（包括数据分类与回归测试）；测试完成后，通过OTA等方式完成汽车端软件系统的升级。

① 数据缺陷。数据缺陷通常是指数据业务核验未满足要求部分、数据检测遗漏部分、虚假数据部分，在数据缺失流程中，需要在已完成批量生产的产品中，检

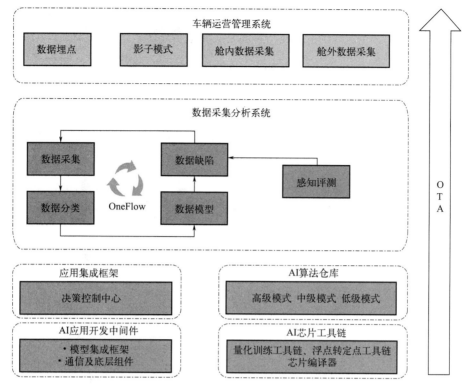

图 6-12　智能座舱平台相关系统的开发流程

测获取数据缺陷（DATA-failure）。

② 数据采集。数据采集（DATA-collection）是针对数据缺陷发起的。该流程所需数据主要来自开发阶段搭建的数据采集平台及实车测试时装配的车辆感知设备，例如驾驶舱内外行车记录仪、前视或周视摄像头、全景影像摄像头等；其次，在量产的车型中，也可以采用影子模拟或设置数据埋点辅助进行数据采集。

③ 数据标注。该环节的主要任务是对采集到的元数据进行打标和分类（DATA-label），智能座舱系统采用的数据标注方法、形式与智能驾驶系统不同，智能驾驶系统主要需要针对道路环境语义（如车锥桶、护栏、道线等）进行分类打标，智能座舱系统主要是针对语音、图片进行分类打标。

④ 数据模型。就智能座舱的数据模型来说，其中最重要的就是智能机器视觉算法模型，对其进行训练的过程中，要求形成较为精确的训练数据模板，因此也对标注数据有着更高的精确度要求。

（2）应用开发框架

目前模型训练包含低级、中级、高级三种递进式开发模式，在三种开发模式的框架下，通过调用 AI 算法仓库中既有数据模型进行有效训练。

① 低级模式。该模式的模型训练难度较小，通常使用算法仓库中的一些标准化模型就可以完成训练，例如汽车座椅识别、安全带识别，对此类标准件的识别精度要求并不高，以整型运算为主，通常不涉及浮点运算，识别过程按照标准化程序执行即可。该模式的执行效率较高，对系统的算力资源占用少。

② 中级模式。中级模式在算法仓库中的复杂程度居于高级和低级之间，它的特点是可以通过嵌入多个模型的方式，来进行分类组合，实现对驾驶舱内打电话、抽烟等人物动作的识别，该模型对开发者及其团队的专业能力要求较高。

③ 高级模式。在高级模式中，因为涉及的关键点识别、权值识别、图形骨架提取、图像语义信息分割等环节，大的计算量带来了较多的算力资源消耗，因此该模式在整个算法仓库中属于较复杂的模型训练类型。

（3）应用集成框架

应用集成框架，主要是利用 AI 应用来搭建通信及底层组件、开发中间件，辅助模型框架集成。其主要流程如图 6-13 所示，包括模型转换（即从浮点数据表示形式转化为定点数据表示形式）与编辑，生成标准模型；再通过载入标准模型跟配置（配置固定在相应的位置）定义输入输出；编写包含处理逻辑的过程代码，构建合理的函数框架，完成消息种类（例如自动序列化与反序列化）自定义，继而完成软件释放等步骤；最后，将编译生成的 .so 文件加载到感知管道中，形成应用集成框架。

模型发版　模型生成　输入输出　程序开发　代码编译　执行加载

图 6-13　应用集成框架的主要流程

随着自动驾驶系统与智能座舱系统内在底盘域、动力域的功能整合，加上面向服务架构（SOA）软件开发方式在汽车领域的普及，复杂的驾驶行为将被转化为个例化的操作指令，为驾驶员提供更安全、高效、便捷的驾驶服务。随着智能座舱控制器安全等级的提高，可以与自动驾驶服务有机融合，实现真正的"人机共驾"。

随着汽车领域软硬件技术的快速发展，座舱域的软硬件系统和底层系统架构将进一步迭代升级，补齐"驾驶控制"的短板；同时硬件架构的集成化程度也会越来越高，从而使驾驶域和座舱域整合形成统一的车载中央处理器，这无疑又向着"全方位智能座舱"构想实现迈进了一步。

6.2.4　智能座舱系统的功能测试

为了实现对智能座舱系统的功能的有效测试，测试人员需要精准掌握智能座舱系统的各项主要功能，并从测试内容出发制定相应的测试方案。现阶段，智能座舱系统的功能测试方法可分为手动测试和自动化测试两种类型，这两种测试方法通常用于不同内容的测试当中，测试人员在对智能座舱系统进行功能测试时需要根据测试内容和测试要求来选择合适的测试方法。

（1）智能座舱的手动功能测试

手动测试主要适用于智能座舱系统的系统级测试和子系统级测试的集成测试。具体来说，手动测试具有适用范围广、前期开发难度低、前期开发成本低、测试项目落地速度快等优势，但同时也存在人力成本高、测试开发要求高、测试执行人员经验要求高等不足之处。

一般来说，为了获得良好的测试效果，测试人员通常会借助实车测试和 Labcar 测试的方式来对智能座舱进行系统级的集成测试。

实车测试方案具有检验座舱系统在实车中的实际表现的作用，能够找出子系统级测试和单件测试难以发现的问题，帮助客户充分了解座舱系统的实际应用情况，在项目后期的座舱功能验收测试环节发挥着十分重要的作用。

从实际操作上来看，测试人员可以在开始实车测试前通过系统级的集成测试的方式来制定搭建 Labcar 台架的测试方案，在整车测试环境中集成整个座舱系统的控制器、执行器、传感器等相关零部件，并借助仿真总线节点来有针对性地完成座舱系统功能测试工作。从测试理念上来看，这种测试方案可以通过对实车测试环境的模拟预先找出座舱系统中的系统级的功能问题，进而为后续开展实车测试提供方便。

子系统台架的测试方案是测试人员在对智能座舱进行子系统级测试时常用的测试方案。具体来说，子系统台架的测试方案在控制器机柜和负载台架中整合了大量真实零部件，如控制器、执行器等，大幅提高了台架的灵活性和调整便捷度，同时也可以借助仿真总线节点来处理与其他系统相关联的各项输入信号，进而实现对智能座舱的子系统级测试，不仅如此，这种测试方案还支持测试人员利用 VT 板卡进行故障模拟，以便进一步提高智能座舱系统的可靠性。

（2）智能座舱的自动化功能测试

自动化功能测试主要适用于对智能座舱的子系统级和单件级的功能测试。具体来说，智能座舱的自动化功能测试具有人力成本低、测试效率高、复用率高、测试执行难度低等优势，但同时也存在前期测试开发难度大、前期测试设备成本高等不足之处。

近年来，汽车行业已经逐渐摒弃了手工测试，转而使用自动化测试的方式来对智能座舱进行子系统级和单件级的功能测试，并通过自动化测试来提高开发前期的测试效率和一致性，充分确保各项重复测试的测试质量，同时在重复测试的过程中提前找出功能逻辑方面的缺陷，并借助对软件的升级迭代来达到完善测试软件的目的。

为了确保总线信号和输入/输出（input/output，I/O）的自动化测试的有效性，测试人员可以充分发挥 Vector 公司推出的 CANoe 软件、vTESTstudio 软件和 VT 系统的作用，通过综合运用残余总线仿真技术和虚拟化技术（virtualization technology，VT）的方式来对智能座舱进行功能测试。

除此之外，测试人员还可以构建具有摄像头、收音器等传感器设备和人工嘴、机械手等执行器的自动化测试台架，并融合视频识别、语音识别等技术手段，利用自动化测试软件实现对智能座舱系统中的仪表显示、中控屏幕操作和语音交互等各项关于图像和语音的内容的自动化测试。

现阶段，许多主机厂已经将智能座舱系统的功能测试中的子系统和单件功能的自动化测试方案应用到对中控屏幕、仪表和语音交互等内容的测试当中。

6.3 车载信息系统平台架构与功能

6.3.1 车载信息系统的平台功能

近年来，电子技术、网络技术以及现代汽车工业飞速发展，车辆导航、信息通信、移动办公、多媒体娱乐、安防辅助驾驶、远程故障诊断等功能电子系统不断革新，并互相联系，共同构成具有多种信息化服务功能的车载信息网络系统，同时汽车仪表系统的发展也呈现出集成化、智能化和全图形化的特点，并逐渐升级为更加智能的车载信息系统平台。

随着科技水平的进步和汽车产业的发展，传统的汽车仪表系统将逐渐被淘汰，功能更加丰富、技术更加先进的车载信息系统平台将成为助力汽车实现无线通信、网络办公、信息处理、全球定位系统（global positioning system，GPS）导航、远程故障诊断、整车状态显示、全图形化数字仪表、智能交通辅助驾驶、车载多媒体影音娱乐等多种信息化、网络化、智能化功能的重要工具。不仅如此，车载信息系统平台还集成了电子技术、网络技术、通信技术和嵌入式技术等多种技术手段，能够为人、车、环境之间的信息交互提供有效支撑。具体来说，车载信息系统平台主要具备以下几项功能：

（1）仪表显示

车载信息系统平台中的仪表显示功能具有灵活性强、准确度高、显示亮度高、实时性强等优势，能够及时接收控制器局域网总线（controller area network，CAN）和传感器发来的大量信息，并以图形的形式将这些信息显示在液晶显示器（liquid crystal display，LCD）上，为车主查看车辆的各项相关信息提供方便。

（2）车辆监控及远程故障诊断

车载信息系统平台中的车辆监控功能和远程故障诊断功能既可以广泛采集车辆信息，并根据这些信息实现对车辆性能和运行状态的监控、分析和诊断，同时向用户发出提示信息；也可以利用通用分组无线业务（general packet radio service，GPRS）模块实现诊断分析数据与诊断服务中心的实时交互；不仅如此，监控中心与 GPS 模块和通信模块之间的协同作用也能实现对车辆的远程监控，为车主远程调整车辆状态和增强车辆防护提供支持。

（3）无线上网

车载信息系统平台中的无线上网功能可以借助蜂窝移动通信网络为汽车提供速率高、安全性高、可靠性强、性能强大且没有时间和空间限制的无线上网服务，助力车辆实现文件传输、网上聊天、网络游戏、浏览信息、图片下载、移动办公、电子邮件、电子商务等多种网络化功能。

（4）导航信息

车载信息系统平台中的导航功能可以利用 GPS 帮助车辆在全球范围内实现即时定位和连续定位，进而为用户提供自主导航、信息查询、行车轨迹记录、行车记录回放、交通堵塞预测、停车场停车向导、最佳行车路径规划、地图数据实时更新等智能化服务。除此之外，各项导航信息只占据一部分显示屏，并不会对仪表显示功能造成限制。

（5）车载电话

车载信息系统平台连接的车载电话可以利用 CDMA 通信系统和 VOIP 在车主接打电话时为其提供免提和无线耳机无缝切换服务，从而充分确保行车安全。

（6）车载娱乐

传统的车载娱乐系统只包括收音机、卡带机、CD 机等设备，而现代化的车载娱乐系统位于车载信息系统平台当中，既能实现与其他车辆进行信息通信，也能接收卫星数字广播和数字电视信号、播放 CD 和 DVD 等音视频内容，充分满足用户在娱乐方面的需求。不仅如此，车载信息平台中的车载娱乐系统还能够无线下载各种音视频文件，让用户可以在没有碟片的情况下播放自己想看的音视频内容，进而提高娱乐服务的便捷性，同时现代化的汽车中通常还会装配前置中控台、头枕式真彩显示屏、高保真车载音箱等设备，从而提高车辆的娱乐服务水平，进一步优化用户的娱乐体验。

（7）辅助安全驾驶

车载信息系统平台具有辅助安全驾驶功能，能够从多个方面保障行车安全。一方面，车载信息系统平台可以利用位于转向盘下方的监视器采集驾驶员的眼皮开度等驾驶状态信息，并自动对这些信息进行分析处理，从而在发现驾驶员疲劳驾驶时及时进行警示，避免发生安全事故；另一方面，车载信息系统平台还可以利用位于车辆前方和后方的测距雷达系统自动测量车辆与前方车辆和后方车辆之间的距离，并在碰撞分析单元中对测量结果进行分析，进而在车辆可能出现碰撞危险时自动预警，以便及时通过自动制动、控制驱动电机等方式改变车辆的运行状态，最大限度避免车辆碰撞或降低车辆碰撞带来的危害，从而达到安全防范的目的。

除此之外，装配了车载信息系统平台的车辆还具备辅助倒车后视功能，能够利用具有防眩和夜视效果的后视摄像头采集车辆后方的环境信息，并通过高清液晶显示屏为驾驶员提供车辆后方的实时全彩影像，因此无论在白天还是夜晚都能充分确保倒车安全。

（8）新型智能交通系统的车载信息采集系统

车载信息系统平台中具有智能化的车载信息采集系统，能够为我国智能交通系统研究驾驶行为、采集交通数据、现场测试、建设多功能实验车等提供支持，助力我国智能交通系统解决交通信息的实时采集问题，并推动我国加快对各项智能交通系统相关技术的研发的应用。

6.3.2　车载信息平台的关键技术

车载信息平台中融合了多种先进技术，通信技术（telematics）是其中的关键技术之一。telematics 融合了计算机、移动通信、数字广播等多种汽车制造技术和互联网技术，且能够综合运用智能运输系统（intelligent transportation system，ITS）

中的遥感（remote sensing，RS）、地理信息系统（geographic information system，GIS）和全球导航卫星系统（global navigation satellite system，GPS）为用户提供多种服务，在当前的车载信息平台领域占据重要地位。

　　具体来说，telematics 可以将无线信道作为车载终端与服务中心之间的信息通信渠道，以便为车辆提供信息通信服务，也可以利用车载终端系统采集和分析各类行车信息，及时掌握车内外的各类状况，并对各个车载终端进行合理控制，进而充分满足车辆中的驾乘人员在安全和娱乐等方面的需求。

　　telematics 系统中应用了 GPS、无线接入技术、蜂窝通信技术、专用短程通信技术（dedicated short range communication，DSRC）和数字多媒体广播技术（digital multimedia broadcasting，DMB）五种主要技术，具有技术融合的特点，同时也能够通过对这些技术的综合应用实现以下四项功能，如图 6-14 所示。

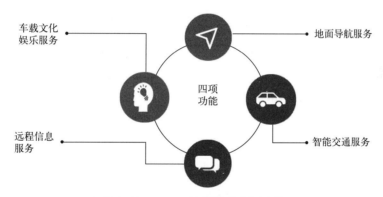

图 6-14　telematics 系统的主要功能

（1）地面导航服务

telematics 系统能够综合运用 GPS 和 GIS 实现地面导航功能，通过采集并分析道路状态信息来进行路线规划，从而为车辆提供最佳行驶路线。

（2）智能交通服务

telematics 系统能够综合运用 GPS、GIS、围绕地理位置数据而展开的服务（location based services，LBS）和中国手机电视系统标准（China digital multimedia broadcasting，CDMB），帮助车辆及时掌握路面实时状况信息，并对车辆进行领航。

　　与基于地理信息的导航相比，以 ITS 数字广播为基础的智能交通能够借助 LBS 为车辆提供时间最短的优化路由，同时也能够利用 ITS 信息中心来获取路面状况实时多媒体信息，并通过广播来传输语音、分析和测算处理的结果，在借助遥感获取地理数据的基础上生成引导实时驾驶的领航图，以便实时规划行车路线，帮助车辆最大限度规避存在交通堵塞或突发事件的路段，进而减少车辆的行车时间。

（3）远程信息服务

telematics 系统可以综合运用 DSRC、蜂窝通信技术和无线局域网（wireless local area network，WLAN）为车辆提供远程信息服务。具体来说，telematics 系统能够利用 WLAN 在车辆内部构建信息通信网络，并通过通用信息平台为车辆提供网络化信息通信服务；同时 telematics 系统也可以利用射频识别技术（radio frequency identification，RFID）采集发动机温度、排气排放物、轮胎、汽油、行车状况等信息，并将这些信息传输到 DSRC 互联服务中心的维修站当中，以便服务中心的维修人员根据这些信息对车辆进行远程故障诊断，帮助车辆驾驶员解决各类突发问题。

不仅如此，telematics 系统还可以广泛采集过路和服务相关的费用信息，并将这些信息传输至服务中心的结算站，以便服务中心的相关工作人员根据这些信息了解车辆的运行情况，并在车辆可能会出现失控、失盗等紧急情况时及时向车辆驾驶员发送提醒信息，同时控制汽车减速或停止运行，避免发生安全事故，除此之外，也可以进一步提高记账的精准度和收费的自动化程度。

（4）车载文化娱乐服务

telematics 系统可以综合运用 ITS 和 CDMB 在显示屏中为车辆驾乘人员呈现电视节目、路面状况、电子游戏、音乐电视（music television，MTV）、个人节目信息资源等多种信息内容，提高车载文化娱乐内容的丰富性，也可以利用广播宽带随时随地下载地理、地貌、地图等信息，为车辆安全稳定运行提供信息层面的支持，同时还可以通过在显示屏中实时呈现互联网信息的方式来为车辆驾乘人员提供方便。

一般来说，telematics 系统可以与其他各类嵌入式系统一样嵌入车辆当中。但由于 telematics 系统是嵌入式系统，其硬件可能会面临各种不同的需求，因此选择符合客户需求和产品需求的硬件型号和架构设计是 telematics 系统有效发挥作用的关键。

就目前来看，以融合了高级精简指令集计算机（advanced RISC machine，ARM）和现场可编程门阵列（field programmable gate array，FPGA）的架构设计为基础的嵌入式 telematics 系统设计是较为热门的硬件架构。其中，ARM 具有高性能、精简化的特点，能够高效完成数据采集、数据整理、数据分析、数据存储等工作；FPGA 是一种以数字电路为主的集成芯片，能够显示用户界面。

以赛灵思和微软汽车共同研发的微软车载信息处理平台（microsoft telematics platform）为例，该平台是一个基于 ARM 和 FPGA 的嵌入式智能车载信息平台，能够利用互联网和无线网络连接各个移动设备，并通过互联网实现信息通信功能，同时也能以语音命令的方式对车辆中的各项设备和各个系统进行控制。

6.3.3　车载信息平台的显示系统

车载信息平台通常会以图形的形式将各类数据信息投射在由透明玻璃基体、薄膜电晶体、颜色过滤器、液晶层、照明灯等材料和设备构成的 LCD 当中，车辆的驾乘人员可以通过观看 LCD 中显示的图形来获取各项所需信息。具体来说，LCD 中的各个横截面都在包裹透明玻璃基体后互相叠加，而薄膜电晶体通常位于各个玻璃基体的中间，颜色过滤器和液晶层能够为 LCD 显色服务，照明灯可以帮助 LCD 显示画面。

LCD 的液晶层在无电流变化时通常处于非结晶状态，能支持所有光线通过；但当电流变化时，液晶层则会限制光线的通过数量。不仅如此，液晶层会随着供应电压的变化而变化，并通过自身形状的变化来控制光线的折射角度，进而改变 LCD 中所显示的图形的色彩。与阴极射线显像管（cathode ray tube，CRT）相比，LCD 具有低电耗、无电磁辐射、尺寸小、重量轻、可视面积大、不闪烁等诸多优势，其在车载信息平台中的应用能够为车辆驾乘人员获取信息提供方便。

车载信息平台通常需要显示导航信息、多媒体信息、汽车仪表信息、车身状况信息、倒车后视信息等多种信息，但 LCD 的可视面积和安装面积都十分有限，因此车载信息平台显示系统通常需要利用一屏多显技术或多屏显示技术来增强 LCD 在信息显示方面的能力。

随着平视显示系统（head up display，HUD）需求量的增加，各个汽车厂家纷纷加大了对适合 HUD 的质量控制系统的研究力度。具体来说，HUD 是一种由控制器、电子组件、显示组件、高压电源等多种器件组合而成的综合电子显示设备，能够利用位于车辆的前风窗玻璃上的光学显示装置或电子显示装置来显示各类信息，为车辆驾驶员了解这些信息提供方便。HUD 不仅能充分确保汽车的安全性，同时也需要符合生产线在速度方面的要求，就目前来看，HUD 已经被应用于 BMW X5 系、X6 系车型等多款高端汽车当中。

6.3.4 车载导航信息系统的构成

车载导航系统主要由数字地图、导航平台和车载导航终端构成，其中数字地图和导航平台可以在后台运行，较少受到环境因素的干扰，但车载导航终端的工作环境具有复杂多变的特点，有时可能还会面临偏远山区、雷雨等恶劣环境，对软硬件条件方面的要求较高，因此车载导航终端的研发难度也比较大。

导航平台主要用于整理和分析来源于交通信息采集系统的道路交通地理信息，并利用无线寻呼等通信系统将这些信息传输至相应的节点和车辆当中。

交通信息采集系统通常包括动态交通检测器和固定的交通信息检测系统两部分，其中动态交通检测器可以利用集群通信网进行信息通信，固定的交通信息检测系统则由视频、微波、线圈、激光等多种交通检测器构成。

通信系统具体可分为有线通信系统和无线通信系统两种，能够为车辆与交管中心和综合信息平台之间的信息通信提供支持，帮助车辆实现与道路交通网络之间的互联互通。

车载导航系统（vehicle navigation subsystem，VNS）的主要组成部分包括车辆定位模块、车载通信模块、多媒体导航电子地图等设备。

（1）车辆定位模块

车辆定位模块包括定位传感器和数据处理器两部分，能够采集车辆的实时位置信息，并与电子地图相匹配，对比定位信息与地图数据库中的道路位置信息，同时以模式匹配和识别的方式进一步明确车辆的具体位置，并将位置信息精准地呈现在电子地图当中。

（2）多媒体导航电子地图

多媒体导航电子地图能够利用 GIS 为车辆提供地理特征、道路位置、交通规则、基础设施等信息，并实现电子地图显示、电子地图浏览、电子地图缩放和信息检索等功能，为车辆驾乘人员获取交通信息提供方便。除此之外，系统的整体定位精度和路径引导的可靠性也会受到电子地图精度的影响，具体来说，高精度的电子地图有助于提升系统的整体定位精度和路径引导的可靠性程度。

（3）车载导航终端

车载导航终端主要包括操作系统、地理信息系统、多媒体电子地图以及其他相关软件系统，这些系统能够帮助车辆接收并分析各类交通信息，同时根据信息分析结果规划车辆行驶路线，并通过路径引导的方式促进车辆行驶路线规划落地，确保车辆按最优路线行驶。

路径引导能够综合分析地图数据库中的道路信息和地图模块中的车辆实时位置信息，并在此基础上生成以语音、图形等为表现形式的实时驾驶指令，指导车辆驾驶人员驾驶汽车按照预先规划的行驶路线行驶，确保车辆安全、稳定、快速到达目的地。

除此之外，人机交互模块也是车载导航终端中的重要组成部分，人机交互模块通常包括显示器、控制器和各个相关软件系统，能够为用户提供操作指令的输入接口，方便用户向车载终端提出地图显示、信息查询和路径规划等需求，不仅如此，控制器也需要利用该接口来以语音、图形等形式呈现车辆位置、最优路径规划方案、实时驾驶引导指令等信息。由此可见，人机互动模块在汽车导航中发挥着十分重要的作用。

地图匹配具有提高系统定位精度的作用，路径规划具有优化产品导航功能的作用，为了充分确保定位的精准度和导航的性能，相关研发人员需要最大限度提高VNT在地图匹配和路径优化方面的水平。

6.3.5 车载多媒体信息娱乐系统

融合了车载网络技术的汽车具有信息共享功能，能够利用车载网络为用户提供视频、音频、数据等多种信息，同时用户也可以借助互联网来获取其他信息，进而实现车辆、用户、网络之间的信息交互。

媒体和信息网络的服务对象是多媒体、信息导航、远程信息处理等设备，网络协议利用网络在两个数字设备之间传输数据的速度范围是250Kb/s ~ 400Mb/s。为了赋予车载系统多媒体数据传输功能，汽车研发相关人员需要尽快落实以下四项工作：

① 提高网络频带的带宽。从网络频带的带宽方面来看，多媒体数据传输功能的要求高于当前汽车网络频带已有的带宽，因此汽车研发相关人员需要进一步提高控制器局域网（controller area network，CAN）和局域互联网（local interconnect network，LIN）等网络的频带带宽。

② 优化内容发布方式。从内容的发布方式方面来看，汽车研发相关人员需要深入分析音频、视频等内容的性质，并根据各项内容的性质选择合适的发布方式，同时也要进一步优化内容发布方式，避免出现音频延迟、显示像素错误等问题，进而达到提高用户满意度的目的。

③ 强化内容的安全性管理。从内容的安全性方面来看，由于各项内容在发布

时均采用数字形式，存在被泄露或篡改的可能性，因此汽车研发相关人员必须进一步提高内容的安全性，强化内容安全管理，充分保护内容安全。

④ 加大网络安全保护力度。当车载网络与客户的外设连接时，存在被病毒攻击的可能，因此汽车研发相关人员需要提高网络安全防护力度，避免出现被病毒攻击的情况。

近年来，嵌入式产品的热度越来越高，嵌入式产品市场也迅速扩张，系统方面的难题逐渐浮现出来。为了解决这些难题，各种新兴技术的应用逐渐增多，具体来说，主要涉及以下四项技术：

① CAN。CAN 技术具有提高网络频带带宽的作用，目前已经被应用于车载网络领域当中，但从服务质量上来看，CAN 技术还无法提供高质量的服务。

② 火线（firewire）。Firewire 接口通常被用于高速外围设备的连接系统当中，在汽车领域，Firewire 接口是大多数消费产品企业在串联设备时应用的主要手段。

③ 面向媒体的系统传输（media oriented system transport，MOST）。MOST 具有大带宽、低成本、小重量等诸多优势，既能有效支持多媒体数据传输，在众多供应商当中的满意度也比较高。就目前来看，MOST 技术已经被应用于宝马、奥迪、奔驰等多款汽车当中，为车辆传输多媒体数据提供技术层面的支撑。

④ 无线技术。现阶段，汽车产业在标准的制定、创新和应用等方面存在推进速度慢的问题。虽然超宽带技术（ultra wide band，UWB）的应用有效提高了安装和维修环节的便捷程度，降低了价格，也能够满足车载网络在噪声环境中近端短距离高速数据传输的要求，但在缺乏统一标准的情况下仍旧无法在整机制造商中大范围推广使用，不仅如此，安装 MOST 技术的数量也会随着多个标准存在时间的增长而增加。

6.3.6 车载远程故障诊断系统

随着网络技术的落地应用，各行各业的信息化程度不断增高，汽车维修行业已经能够借助网络实现资源共享和信息交流，同时网络技术和现代电子控制技术在汽车领域的应用也为汽车行业构建基于车载信息平台的开放性汽车远程故障诊断系统提供了支持。由于汽车的位置会不断变化，无法使用有线网络来传输数据信息，因此汽车行业还需要在汽车中应用通用无线分组业务（general packet radio services，GPRS），以便帮助汽车实现无线数据传输，除此之外，汽车中的各项设备还可以借助车载信息平台中的 GPRS 连接无线网络，进而在网络层面为实现远程故障诊断提供保障。

现阶段，大部分汽车工业发达国家都会在汽车中装配车载信息平台和导航。许多汽车制造商也正在大力推进汽车领域的信息服务建设，力求赋予每辆汽车与汽修厂进行信息通信的能力。具体来说，汽车制造商可以利用网络或移动电话向车辆驾驶人员发送车辆检测日期等信息，也可以为客户提供在线服务，以便在汽车出现故障时借助网络为车辆驾驶员提供远程指导，同时也能为汽修厂及时掌握车辆运行情况等信息提供支持。就目前来看，汽车领域的远程无线通信具有十分广阔的发展前景，且能够帮助汽车制造商优化客户的服务体验，提高客户满意度，进而达到获取更多客户的目的。

（1）汽车远程故障诊断系统的结构

汽车远程故障诊断系统的工作步骤大致可分为以下几步：首先，用户要利用车载信息平台获取各个控制模块中的数据信息；其次，用户要向远程诊断服务中心发送远程诊断请求；再次，远程诊断服务中心要验证用户权限并响应用户的远程诊断请求；最后，远程诊断服务中心要启动与用户请求相符的功能模块进行故障诊断，并通过网络与用户进行实时信息通信，帮助用户及时了解车辆故障信息。汽车远程故障诊断系统结构如图6-15所示。

图6-15　汽车远程故障诊断系统的结构示意图

（2）车载信息平台的远程诊断功能

车载信息平台的工作步骤大致可分为以下几步：首先，用户可以利用键盘在车载信息平台中输入远程诊断指令；其次，汽车中装配的嵌入式处理器具有信息通信能力，能够与汽车的各个功能模块进行信息交流，获取汽车中的各个系统的工作状态相关信息，并在存储器中进行存储；再次，汽车中的无线电传输模块会向远程故障诊断中心发送诊断请求，而车载信息平台也会在该请求被许可后向远端的诊断服务器发送存储器中的车辆工作状态信息和故障代码；最后，诊断服务器会在接收车载信息平台传来的各项信息数据后对这些数据进行分析，明确车辆故障，并将具体的车辆故障信息传送至车载信息平台当中，由车载信息平台来告知用户车辆的故障诊断结果。

（3）车载信息平台与远程故障诊断中心的通信

远程通信技术是汽车实现远程诊断过程中必不可少的重要技术手段。汽车的具体位置会随着行驶不断变化，因此无法借助有线网络来传输数据信息，汽车若要实现远距离的数据传输就必须借助无线通信技术的力量。一般来说，汽车采用的无线通信方式主要有以下几种：

① 汽车可以借助 GSM、GPRS、CDMA 等通信网络和相应的无线通信产品进行无线通信；

② 汽车可以借助无线网桥、无线调制解调器等无线收发设备进行无线通信；

③ 在检测站端，汽车可以利用收发集成芯片为电路板级与监控中心之间的无线通信提供支持。

第 **7** 章

信息安全防御技术

7.1 智能汽车信息安全的整体架构

7.1.1 汽车网络安全攻击

智能汽车是一个融合了计算机、互联网、人工智能、自动控制等多种先进技术，具有环境感知、信息通信、决策规划和辅助驾驶等多种功能的智能化综合系统。近年来，智能汽车和车联网技术飞速发展，汽车电子控制系统的种类越来越丰富，汽车可实现的功能也日渐复杂，汽车逐渐发展为一种具有移动性的智能网络终端。

具体来说，车内网、车际网和车云网是智能网联汽车的网络基础，也是实现智能交通管理系统、信息服务系统和车辆智能化控制系统互联互通的关键。各个系统之间的信息交互能够有效提高汽车运行效率，为驾乘人员提供便捷，达到优化驾乘人员体验的目的，但也带来了信息安全问题。

现阶段，已经有许多黑客通过汽车中的移动终端App、多传感器融合车内网络系统、电子控制单元（ECU）代码和软件漏洞等对智能网联汽车进行攻击，严重危害了智能网联汽车的信息安全。近年来，世界各国多次出现黑客利用网络技术入侵汽车的事件，这些黑客通常通过信息篡改、病毒入侵等方式对汽车进行控制，导致汽车出现减速、引擎关闭、制动失灵等问题，汽车生产厂家不得不紧急召回已经售出的汽车，并为汽车安装相应的补丁。

由此可见，黑客对汽车的攻击不仅会给企业带来经济损失，也威胁着驾乘人员的个人隐私安全和人身安全，更有甚者会对国家公共安全造成不利。现阶段，智能汽车信息安全技术还处于实验阶段，各个方面均未形成统一的标准规范，因此汽车行业应加强对智能网联汽车信息安全问题的研究，为智能网联汽车从开发到落地应用的整个生命周期中的信息安全提供充分的保障。

智能网联汽车融合了信息通信技术，且具有环境融合感知、智能决策、协作控制等多种功能，攻击向量众多，因此智能网联汽车的信息安全保护需要重点强调系统性和全面性，不能忽视掉任何一个环节。

为了充分保证智能网联汽车的信息安全，我们需要深入研究智能车辆信息安全攻击问题，并在此基础上建立起完善的车辆防御体系。具体来说，要对攻击者的技术能力和可操作性进行分析，从技术能力方面来看，充分了解目标车辆且掌握目标车辆的控制技术的攻击者都能够威胁到汽车的安全；从可操作性方面来看，能够解决条件限制问题的攻击者都能够发起对汽车的攻击。图 7-1 所示即网络可能存在的安全问题。

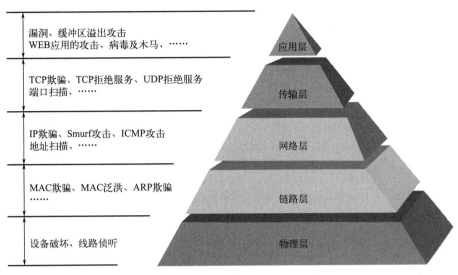

图 7-1　网络可能存在的安全问题

现阶段，智能网联汽车所面临的信息安全问题主要包括以下四项，如图 7-2 所示。

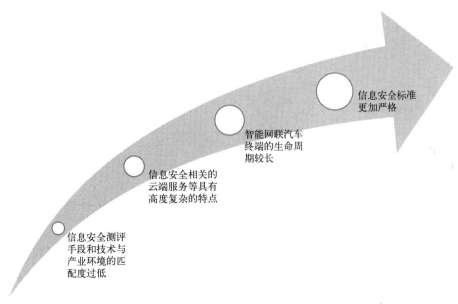

图 7-2　智能网联汽车所面临的信息安全问题

① 智能网联汽车相关的信息安全测评手段和技术与产业环境之间的匹配度过低，且该领域内的成功案例较少，难以通过经验学习等方式研究出解决智能网联汽车的信息安全问题的有效方法。

② 智能网联汽车信息安全相关的云端服务、管道和移动终端均具有高度复杂的特点，且传统 IT 安全技术和汽车通信与控制技术分别属于不同的领域，综合运用这两项技术还需进行跨学科研究。

③ 与传统终端相比，智能网联汽车终端的生命周期较长，难以充分确保汽车全生命周期的安全性。

④ 智能网联汽车的信息安全与财产安全、生命安全、公共安全等多个方面息息相关，智能网联汽车遭受黑客攻击后所造成的影响十分严重，因此其在信息安全方面的标准也更加严格。

（1）间接物理攻击面研究

安全专家将攻击面分为物理攻击面、数字攻击面和社会工程攻击面三种类型，其中物理攻击面中会暴露出与攻击面进行交互的设备和媒介，因此大多数攻击者通常会选择间接物理攻击面的方式来对智能网联汽车进行攻击。

一般来说，智能网联汽车会装配车载自诊断系统（on-board diagnostics，OBD），可以将该系统作为接口来读取运行状态数据，并对汽车进行主动测试。但这个接口也可能会成为攻击者控制车辆的渠道，对攻击者来说，可以通过 OBD 在线诊断接口来入侵车辆的控制器局域网（controller area network，CAN）总线，并实现对车辆物理功能的控制，进而影响智能网联汽车的信息安全。

除此之外，OBD 设备还能借助网络或蓝牙与服务器、手机等设备进行信息通信和数据传输，这些链路也可能会成为攻击者获取权限实现对智能网联汽车的攻击的渠道。

（2）短距离无线攻击面研究

对攻击者来说，短距离无线攻击具有灵活性高的特点，攻击者可以利用相应的设备通过蓝牙、无线智能钥匙、胎压管理系统、Wi-Fi、射频识别（radio frequency identification，RFID）系统等多种攻击面对智能网联车辆发起攻击。

一般来说，智能网联汽车都会装配蓝牙、无线智能钥匙、胎压管理系统等设备和应用，因此攻击者可以借助天线和信号放大器等设备来扩大传输距离，并将蓝牙作为攻击面来攻击智能网联汽车，也可以通过破解 ECU、破解遥控密钥、信号验证代码漏洞等方式来实现对智能网联汽车的控制和攻击，还可以在胎压管理系统利用短距离无线通信传输信息数据的过程中篡改或伪造信号，并对车辆的管理模块进行干扰，使其无法有效接收 ECU 代码，进而实现对智能网联车辆的攻击。

（3）远距离无线攻击面研究

智能网联汽车中的卫星、数字广播、全球定位系统（global positioning system，GPS）等公用通信链路和蜂窝网络、远程协助系统、远程控制系统等专用通信链路都可能会成为攻击者对智能网联汽车发起远距离无线攻击的攻击路径，攻击者可以通过这些远距离的攻击面随时随地对车辆进行攻击。

以黑洞攻击和女巫攻击为例，黑洞攻击是一种由拥有授权的网络内部恶意节点发起的拒绝服务（denial of service，DoS）攻击，攻击者可以利用路由协议中的漏洞制造具有数据吸收能力的黑洞，并借助黑洞来消除数据或篡改数据，从而达到攻击车辆的目的；女巫攻击能够通过伪造车辆身份标识的方式将目标地址变为无效地址，将合法车辆标识变为无效标识，进而扰乱路由算法机制，篡改数据整合结果，实现对智能网联汽车的攻击。

7.1.2 车载智能终端安全

智能网联就是综合运用多种现代化通信与网络技术以及激光雷达、视频识别、V2X 通信等多种传感器设备来实现人、车、路、云的全面互联互通。智能网联能够在"端管云"模式的架构基础上整合智能网联汽车、新一代通信环境、移动智能终端、车联网数据云控平台等设备和设施，在车间通信、车载通信、人车互联、车路互联、车云互联等众多应用场景中发挥作用，为用户提供智能化、高效化、舒适化、安全化的服务，全方位优化用户的服务体验。

智能网联汽车信息安全架构是确保"云管端"架构能安全稳定运行、有效防御以及高效响应和修复的基础。具体来说，智能网联的逻辑架构既要充分保证车内网络、移动智能终端、车联网数据云控平台、通信环境等多个方面的信息安全，也要保护系统数据的安全，防止出现数据信息泄露等问题。由于智能网联汽车的应用场景具有复杂度较高的特点，且信息安全技术也不够成熟，因此智能网联汽车在信息安全方面缺乏有效的保障措施，还需综合运用多种信息保护手段来防止遭受攻击者的攻击，避免出现信息安全问题。

在智能网联汽车的安全逻辑架构中，车载终端安全的重要性不言而喻，现阶段，汽车行业已经将"黑盒"防御机制作为重点研究对象，并充分发挥各类信息安全技术的防护作用，大力推进对车载终端的整个生命周期的安全防护工作，构建以软硬件安全防护为主的防护体系，从而切实保障智能网联汽车的信息安全。

一方面，汽车行业中的智能网联汽车开发企业高度重视安全开发全生命周期管理，2016年，美国汽车工程师学会（society of automotive engineers，SAE）发布《信息物理融合系统网络安全指南》，并在该指南中指出从车辆研发到生成、测试和安全响应的整个生命周期都应进行信息安全防护，同时该指南也在智能网联汽车识别和评估信息安全风险的过程中起到了指引作用。

另一方面，硬件芯片在汽车控制系统中的应用能够有效防御黑客的攻击，汽车行业的智能网联汽车开发企业可以利用硬件安全芯片中的加密算法、访问控制管理系统和信息完整性检查系统等算法和应用来强化智能网联汽车的信息安全防护能力，同时也可以结合一些软件保护方式来提高安全防护的全面性和系统性。

与使用硬件安全芯片的方式相比，软件保护具有成本低的优势，具体来说，空中下载技术（over-the-air technology，OTA）的应用能够为智能网联汽车中的车载操作系统和硬件固件的远程更新和远程修复提供技术层面的支持；软件防火墙也能够有效保护访问地址、通信接口和通信协议的访问控制安全。由此可见，硬件芯片和软件保护的综合应用能够大幅提高攻击者攻击智能网联汽车的难度，实现对智能网联汽车信息安全的有效防护。

智能网联汽车中装配的远程信息处理器（telematics box，T-BOX）是一种具有远程通信功能的智能车载终端，能够借助 CAN 总线传输信息，发送指令，并发挥调解功能的作用，通过与云服务平台之间的信息交互来采集各项网络数据、语音等信息。由于智能网联汽车中的各个智能车载终端大多都需要进行信息通信，因此攻击者可能会利用逆向工程、破解密钥等方式获取这些终端中的信息数据，并对其进行攻击。

OBD 具有连接智能网联汽车的外部设备和 CAN 总线的作用，能够接收和发送诊断命令，并通过与总线系统的信息交互来实现故障诊断功能，但 OBD 与 CAN 总线之间的信息交互也为智能网联汽车带来了信息安全隐患。对攻击者来说，OBD 接口为其提供了攻击智能网联汽车的路径，具体来说，攻击者可以通过 OBD 接口入手破解总线协议，将攻击代码引入与 OBD 接口相连的设备当中，并利用攻击代码来干扰 CAN 总线传输，改变各项设备的运行状态，进而实现对整个汽车控制系统的攻击。

除此之外，由于 OBD 接口中并没有设置能够识别攻击信息的身份验证机制，因此与之相连的各个车载部件在软硬件设计、证书认证等方面均存在遭受攻击的可能，车载操作系统中也可能会出现一些已知漏洞，而这些问题的存在都会严重威胁智能网联汽车的信息安全。

7.1.3 车联网通信安全

车联网通信是智能网联汽车安全体系的重要组成部分，也是攻击者对智能网联汽车进行车联网攻击的关键。具体来说，在众多车联网攻击方式中，中间人（man-in-the-middle，MITM）攻击是对智能网联汽车的信息安全的威胁较大的一种攻击方式，攻击者通常会以伪造通信基站的方式来攻击或伪造域名系统（domain name system，DNS），进而实现对通信通道的监听和对通信协议的破解，达到窃取数据库中的用户信息的目的，如图 7-3 所示。

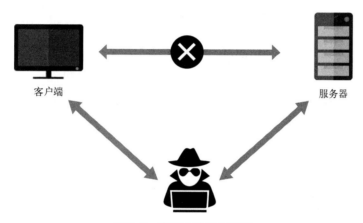

图 7-3 中间人攻击示意图

为了确保智能网联汽车的信息安全，未来，车联网体系可能会采取车间通信的直联模式来进行信息通信，不仅如此，智能网联汽车也将会作为网络节点负责接入网络和退出网络。当攻击者试图通过网络节点来入侵车联网体系时，智能网联汽车将面临通信信息被阻断或篡改的风险，无法有效传输和接收真实的路况信息，除此之外，智能网联汽车中的短距离无线通信接口也可能成为攻击者对车辆发起攻击的路径。

现阶段，"车云"通信是车联网通信安全保护的重点，访问控制、数据加密、设备标识和流量监控等是车联网通信安全保护的主要措施。就目前来看，智能网联汽车中通常会装配一个用于车内通信的接入点（access point name，APN）网络和一个用于信息服务域通信的 APN 网络，其中，用于车内通信的 APN 网络可以传输来源于汽车控制总线的指令信息以及其他与之相关的敏感数据信息，用于信息服务域通信的 APN 网络可以访问相关公共资源并与公共云和第三方服务器进行信息交流。

一般来说，T-BOX 和车载信息娱乐系统（in-vehicle infotainment，IVI）会与公共网络域相连接，智能网联汽车可以通过网络隔离的方式将车载网和信息服务域按照安全级别划分为两个访问控制域，并分别设置相应的访问权限，进而达到强化安全控制管理的目的。与此同时，车载网中的控制单元与非控制单元之间也可以借助网络隔离来进行划分，以便两个模块分别使用符合自身实际情况的控制策略，为车联网的信息安全提供有效保障。除此之外，智能网联汽车还可以通过增加访问 IP 白名单的方式来强化网络访问控制，进而达到保护车联网安全的目的。

在车联网通信安全防护方面，智能网联汽车可以通过数据加密和构建公钥基础设施（public key infrastructure，PKI）认证体系的方式来为车联网信息通信提供安全保障。PKI 认证体系可以对智能网联汽车进行身份验证，并向其发放相关数字证书，同时也会将相关信息录入车辆的安全芯片当中，使用安全芯片记录身份信息具有信息难伪造的优势，能够为车辆的私有云通信提供更加充足的安全保障。不仅如此，智能网联汽车还可以利用密钥验证等方式对身份认证数字证书进行加密处理，提高攻击者获取信息和篡改信息的难度，进而达到增强车辆安全性的目的。

7.1.4　车联网服务平台安全

汽车行业可以利用云计算技术搭建车联网云控服务平台，但云计算技术在安全性方面还存在许多不足之处，因此在云计算的基础上构建的车联网云控服务平台中也会出现相应的安全问题。

具体来说，车联网云控服务平台主要存在操作系统漏洞、虚拟资源控制、结构化查询语言（structured query language，SQL）注入、跨站点安全脚本攻击、账号验证权限、密钥泄露、拒绝服务攻击等方面的问题。智能网联汽车可以将车辆的相关数据录入车联网云控服务平台当中，并赋予该平台相应的操作权限，进一步完善相应的访问控制策略，以便利用该平台实现对数据交互和数据调度的有效控制，为用户信息提供充足的安全保障。

但就目前来看，大多数管理平台的访问控制策略还只能利用固定凭据来进行身份访问控制，但这种程度的访问控制策略难以充分满足车联网的管理需求，因此攻击者可能会采取伪造凭据等手段来入侵管理平台并对车辆发起攻击。

对智能网联汽车来说，可以借助云平台安全保障技术来强化云平台的控制指令功能和数据汇聚存储功能，进而达到提高车联网云控服务平台的安全性的目的，同时也可以利用入侵检测、设置网络防火墙、建立监视和防御系统等方式来实现对车联网相关系统和应用的安全防护。

随着智能汽车行业的快速发展，车联网云控服务平台中的功能变得越来越成熟，云安全组件的类型也逐渐趋向多样化，因此车联网云控服务平台在安全监测服务、云端交互数据分析、车辆日志数据分析、智能终端异常检测、数据泄露检测等方面的管理和控制能力也得到了进一步强化，与此同时，智能汽车行业还在不断升级空中下载技术（over-the-air，OTA），优化 OTA 更新功能，加强更新校验和签名认证，降低车辆召回成本，缩短漏洞暴露时间，并构建权鉴认证系统，发布相应的权鉴认证证书，进一步强化密钥管理和登录凭证管理，充分保障用户信息安全，实现以车联网云控服务平台为基础的智能网联汽车安全防护。

7.2 汽车信息安全威胁识别和防御

7.2.1 汽车信息安全威胁评估系统

未来，智能汽车作为智慧交通的重要组成部分，其智能化、网联化能力将越来越强，车辆与外界的通信需求也将越来越丰富。汽车行业作为覆盖多个制造部门、需要多个产业链环节协同配合的综合性行业，其发展方向不仅在于汽车产品本身的电动化、智能化和网联化，还在于将有力带动新的能源形式、新的商业应用与商业模式，以及自动控制等智能技术的创新与发展。

与外部终端之间的数据交互是智能网联汽车的基本功能之一。网联化与智能化在赋予汽车开放性系统和更好的驾驶性能的同时，也带来了一定的安全风险：一是接入互联网或云端的控制系统可能会被黑客攻击或受其恶意控制，危害驾乘人员的生命财产安全；二是汽车系统或云端数据库中的用户隐私数据被泄露，进而带来一系列不良后果。因此，业界、研发人员、汽车企业等参与主体也需要高度重视智能网联汽车的信息安全问题，采取相关风险预防措施，保障智能网联汽车的驾驶安全性与系统数据安全。

以下我们基于智能网联汽车可能存在的信息安全风险，运用专业的分析与评估方法设计了威胁识别与评估系统，使智能网联汽车系统的威胁分析能力进一步提升；同时，基于汽车系统网络架构的信息安全防护需求，提出了对应的安全防护方法的构想。

电子控制单元（electronic control unit，ECU）和总线网络是汽车电子系统实现其控制功能的基础。随着汽车控制智能化、自动化水平的提升，汽车电子系统由最初仅控制收音机的简单系统，逐渐发展成为连接传感器、微处理器、执行器等电子元器件或模块的复杂电控系统，兼顾娱乐性、开放性及安全性是汽车电子系统的基本要求。由此，汽车电子系统可以作为智能网联汽车信息安全威胁评估系统开发的着力点之一。

汽车电子系统不仅涉及车内电控单元间的信息通信，还要支持智能网联汽车与外部终端间的多网、跨网通信。因此，在完善系统通信性能的同时，还要考虑来自车载自组织网络、交通管理系统等方面的信息对电子系统产生的影响。

另外，智能网联汽车本身即有着丰富的接口类型（包括 Wi-Fi、USB 接口、蓝牙和 GPS 等），可以支撑系统与外部移动智能设备的数据交互；车载网络广播、V2I（车辆对基础设施）通信网络、V2V（车辆对车辆）通信网络等多样化的通信形式；新的商业模式也带来了新的数据交互需求。在上述多种因素的综合作用下，汽车电子系统的信息安全风险大大提升。同时，由于车载电子控制单元的计算能力主要是为车辆控制服务的，可处理的数据非常有限，必然要优先满足车辆在各种驾驶场景中的实时信息处理需求，因此，计算机领域内传统的信息安全保障机制无法直接应用到智能汽车领域。

随着科技的不断进步，汽车的发展逐渐走向电动化、智能化、网联化，与传统的汽车相比，未来的智能网联汽车需要构建更加完善的信息安全体系，以便满足车辆在不同场景、不同生命周期的安全需求。对汽车行业来说，要积极探索实现高可靠的入侵检测和防护的方式，避免直接控制车辆控制单元时出现人身安全或财产安全问题；同时也要进一步提高车辆的防护能力，防止车辆在进入较为复杂的环境时出现信息安全风险。

除此之外，还要思考提高响应的有效性和及时性的方法，为车辆高效解决各项信息安全问题提供充分的保障。未来，智能网联汽车将会逐步构建起以检测、保护、响应和恢复为体系的全生命周期信息安全体系，并根据各个安全等级中的实际情况制定相应的响应机制和恢复策略，充分满足车辆的信息安全保障需求。

① 建立防御体系。该防御体系应综合运用安全分级、访问控制、加密安全、入侵检测、安全审计保障等多种技术手段，并覆盖车辆从设计到研发，再到生产、维修和报废的整个生命周期的所有环节以及车载智能终端、移动智能终端、车联网服务平台、各个网络通信协议分级多域防护系统等多种应用和系统。

② 革新防御方法。防御方法应融合大数据、人工智能等先进技术，由原本的单点防御、被动防御升级为兼具动态感知安全检测和主动管理功能的综合防御，并在此基础上实现自动识别、风险管理、攻击溯源等多种车辆信息安全防护相关功能。

③ 提高风险防御水平和效率。智能网联汽车需要充分发挥密码技术和可信计算体系的作用，进一步优化车联网可信环境，强化信息安全保障，增强自身在面对信息安全隐患等风险时的防御能力。

7.2.2 STRIDE 威胁分析与风险评估

STRIDE 是微软开发的一款用于威胁分析的方法和工具，其特点在于：从攻击者的角度出发，对系统或功能中存在的信息安全风险进行分析识别。STRIDE 将威胁概括为 spoofing（欺骗）、tampering（篡改）、repudiation（抵赖）、information disclosure（信息泄露）、denial of service（拒绝服务）和 elevation of privilege（权限提升）六个类别，如表 7-1 所示。

表7-1 微软STRIDE模型

威胁	安全性属性
spoofing（欺骗）	认证
tampering（篡改）	完整性
repudiation（抵赖）	不可抵赖性
information disclosure（信息泄露）	机密性
denial of service（拒绝服务）	可用性
elevation of privilege（权限提升）	授权

上述威胁分别对应的具体风险有：冒充用户账号或用户认证信息被非法使用（S），数据、信息或代码被恶意修改（R），不承认修改行为或无法证明某行为由系统用户发出（R），信息被泄露或被窃取（I），服务不可用或因资源被消耗而无法为用户提供服务（D），用户未经授权就获得权限或提升权限（E）。

物联网可以作为智能网联汽车与外界进行数据交互的重要载体，用于该领域的物联网架构是在物联网通用架构的基础上改进的，其架构中主要包含了以下层级：

- 外部连接层：通过无线网络接口或物理设备接口进行数据传递。
- 网络通信层：主要支持车辆系统与各类异构网络之间的数据交互。
- 控制服务层：主要根据输出的决策指令控制执行。
- 感知设备层：主要支持感知数据信息的收集。

在智能网联汽车的物联网架构中，不同层级面临着不同的信息安全问题，可能造成的安全风险也是不同的。因此，可以将 STRIDE 威胁分析引入到物联网架构的每一个层级中，构建与每个层级对应的、覆盖各个攻击类型的信息安全风险识别系统，从而全面保障智能网联汽车的信息安全。基于 STRIDE 模型的智能网联汽车分层安全威胁识别方法流程如图 7-4 所示。

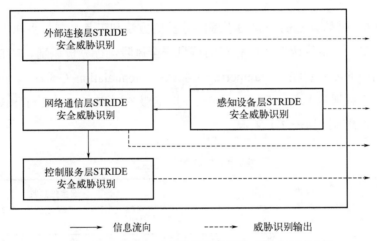

图 7-4　基于 STRIDE 方法的智能网联汽车安全识别方法

通过这一方法，智能网联汽车系统可以对架构中每一层级可能存在的风险类型（即冒用身份、篡改信息、否认操作、信息泄露、拒绝服务和权限提升等）进行识别。每一层级具体的安全威胁识别情况如下：

① 外部连接层的安全威胁识别。智能网联汽车的外部连接层主要是指车辆外部的各类终端设备与车辆系统进行数据交互的层面，这些终端设备有充电桩、诊断仪等服务设备，以及可以将用户数据投射到车辆系统中的平板电脑、智能手机等移动设备。

相对智能网联汽车的系统来说，此类设备所搭载的应用服务与系统是独立开发的，属于三方性质。如果设备系统本身存在数据安全隐患，例如用户身份合法性识别不可靠、网络服务器体系或应用服务软件架构不完善等，则可能给智能汽车控制系统带来黑客攻击、用户数据泄露、非法冒用接入等信息安全风险，进而导致用户的设备接入体验下降、车辆系统数据被非法篡改等，严重的则有可能导致车辆系统功能失效，继而引发驾驶安全风险。这些风险都会削弱智能网联系统的控制执行能力。

② 网络通信层的安全威胁识别。智能网联汽车的网络通信层所连通的对象是多样的，一方面涉及车辆内部总线系统下各部件之间的信息传递，另一方面涉及整个车联网内车辆与路侧设备、其他车辆或智能移动终端的网络通信。该层级涉及的网络类型包括互联网、公共移动通信网、短距离无线通信网和车内专有通信网络等，车内专有通信网络又可以细分为局域互联网络（local interconnect network，简称 LIN）、车载以太网和控制器局域网络（controller area network，简称 CAN）等几种。

该层级面临的数据安全问题也更为复杂，相关风险包括数据传递途中出现的隐私信息泄露、信息被窃听，恶意攻击带来的网络阻塞、拒绝服务、服务终端，攻击者冒用用户身份认证信息进行非法操控、篡改系统数据被等。

需要注意的是，智能网联汽车的远程控制功能对驾驶安全性的影响最大，往往容易成为攻击者的目标。如果该层面无法保证信息机密性、网络通信协议安全机制不完善，或对报文重放攻击等攻击手段防范能力较弱，尤其是 LIN、CAN 等权限级别较高的总线系统受到攻击时，就可能为行驶中的车辆带来巨大的安全威胁。同时，加密算法的错误选择、使用等也会为网络通信层带来数据传输风险。

③ 控制服务层的安全威胁识别。智能网联汽车的控制服务层主要承担了数据分析与计算的任务，包括对车辆管理信息、车辆控制信息、行车安全信息、娱乐信息的处理与计算，并为驾驶员提供相应的应用服务。该层级的架构中包含了能够进行融合决策计算的域控制器和整合并分析车辆数据的云平台。

该层级基于其数据存储与分析功能，其信息风险主要集中在数据管理方面，具体包括：攻击者利用系统边界防护访问控制策略的漏洞非授权访问、获取数据资源，对 ECU 系统进行非法连接和操作，在 ECU 软件中植入恶意代码，等等。这些因素都有可能阻碍控制服务层的正常运行，甚至造成系统瘫痪、控制功能失效。另外，控制服务层不仅面向车辆自身，还能够面向车队或云平台管辖下的其他车辆提供控制信息，如果该层面发生安全风险，则可能带来严重的社会影响。

④ 感知设备层的安全威胁识别。智能网联汽车的感知设备层主要涉及感知设备对车辆行驶环境和车辆自身状态信息的采集与传递，这一层面连接的系统要素包括车辆电子识别设备、激光雷达、毫米波雷达、摄像头、车身传感器等感知设备和电子控制单元等车载终端等。

在该层级可能出现的安全风险有：传感器所传递的数据信息被中断、窃听，因软件病毒攻击导致传感器失灵或干扰芯片正常工作，传感器被恶意欺骗，传感系统中的参数设置被越权操作或非法更改，等等。同时，就现阶段看，传感器设计还存在难以解决的技术缺陷，例如雷达传感器容易受到电磁波、机械振动等因素的干扰，攻击者可能利用这些缺陷破坏感知系统，进而阻碍智能驾驶系统做出正确判断、导致发生安全事故。

7.2.3　基于汽车网络架构的安全防护

智能网联汽车架构的信息安全防护，主要是指通过引入相关技术手段或管理防护措施，来确保智能系统的正常运行，即意味着车载计算机软硬件系统不会因恶意人为因素或偶然因素受到破坏，相关系统数据不会轻易被非法窃取、更改或冒用。根据上文对智能网联汽车系统架构的安全风险分析，我们可以基于智能网联汽车网络架构建立纵深防御的信息安全防护机制。

具体方法是：根据信息安全等级和风险影响程度的高低，对车载网络架构（如图 7-5 所示）进行细化分层，将其划分为不同的网络通信域；然后建立防火墙等控制机制，对不同安全级别的网络通信域进行隔离，从而确保网络通信层级的信息安全，降低智能网联汽车整体网络架构的安全风险。以下对该机制的运行原理进行介绍。

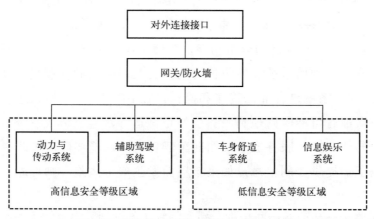

图 7-5　满足信息安全需求的车载网络架构

① 网络通信域的划分。基于信息安全保障需求，可以将车载网络架构分为高信息安全等级区域和低信息安全等级区域两个部分。其中，高信息安全等级区域包

含了动力传动系统（如引擎、制动、转向）、辅助驾驶系统（如安全气囊、泊车雷达感知）等影响车辆驾驶安全的系统；低信息安全等级区域中则包含了信息娱乐系统、车身舒适系统等，这些系统与车辆驾驶安全无直接联系。

② 保障信息安全的约束规则。一是不同安全等级区域之间的通信应该以身份授权认证为前提。不同等级域之间进行信息传递时，需要先对发送信息的 ECU 的身份和报文进行认证，以确认其合法性，然后才能收发信息。另外，当连接外部网域时，也需要验证其身份授权的合法性；在每个安全域内部的 ECU 通信则遵照既有车载总线协议即可。

二是严格控制或限制不同等级域之间的通信。例如，低信息安全等级的娱乐信息系统无法与高信息安全等级的动力传动系统直接通信。同时，将防火墙机制引入各个功能域之间，通过隔离网关限制信息传递，从而保障汽车网络架构和系统安全。

随着智能网联汽车网络架构的扩展和多网融合应用的发展，各类车载电子设备、电子元件、电控单元等要素之间的数据传输需求也会更加丰富。而相对地，相关数据风险、信息安全风险也会逐渐增加。智能网联汽车的信息安全不仅涉及车辆驾驶安全和功能安全，还会涉及系统用户的生命财产安全、个人隐私安全等，甚至造成企业经济损失、影响车联网平台运行、造成严重的不良社会影响。因此，智能网联汽车的信息安全应受到充分重视。

7.2.4 构建智能网联汽车安全保障体系

（1）构建多域分层入侵检测和主动防护信息安全模型

针对智能网联汽车的车载通信系统和车联网网络架构中可能存在的信息安全问题，我们可以从多领域、多层面构建安全保障体系，例如在车载系统决策域、感知域和控制域方面构建合理的数据管理体系和访问控制体系；在车载系统通信接口方面，构建基于通信协议的安全审计、鉴权认证等主动防御体系；在车内主干以太网和总线网络层面，基于网络架构构建入侵检测、加密认证和等级授权等保护体系。同时，基于智能网联汽车电子电气架构，结合相关算法建立能够监控网关数据和网络运行情况的信息安全模型，构建覆盖车载网络、车内网络和车载通信系统的主动防护机制。

（2）建立车车 - 车云协同的攻击防御和无线通信安全防护机制

除了关注智能网联汽车内部网络架构的信息安全，还要关注车辆内部系统与外界交互过程中的信息安全。智能网联汽车系统需要具备良好的攻击防御能力；同时，开发者可以研究"车-车"协同的高效实时的分布式联合防御机制，和"车-云"协同的信息共享式攻击防御体系；在"人-车-路-环境"的信息交互层面，则需要关注车辆系统在非理想信道状态下的信息安全和机会连接的分布式网络安全。

（3）设计不同安全等级的响应机制和恢复策略

保障智能网联汽车的信息安全，不仅要对填补安全漏洞、防御恶意攻击，还要有完善的攻击响应机制和恢复策略。针对不同攻击事件或意外事件，可以按照其危害程度划分安全等级，并制定与安全等级匹配的响应机制和恢复策略，在异常情况发生时能够快速反应，从而尽可能降低损失。其中，恢复模型可以包括需求识别、资源整合、方案评价、服务恢复、参数更新等环节，不同安全等级的恢复策略和决策评价标准有所差异。

（4）构建面向新型电子电气架构演进的软硬件集成防护系统

目前，汽车的电控单元和总线网络技术并不成熟，还存在不可溯源、信息化和数字化程度有限、无防护措施等特点，所应用的技术条件和软硬件设施无法支撑未来智能网联汽车的信息安全标准与防御体系的建设需求，因此，促进新型电子电气架构的软硬件集成防护系统的开发，是促进智能网联汽车信息安全机制建设的基础。

新型电子电气架构能够实现的技术或性能要求如下：基于电控单元和功能安全等级设计软硬件加密算法，基于机器时钟的指纹技术识别溯源技术，结合电控单元与功能安全的映射关系、加密技术和溯源技术，通过入侵检测系统进行总线报文检测等。

同时，还需要关注新型嵌入式操作系统的框架设计，即从架构层面上提升操作系统的安全性。应关注的内容有：框架设计需要符合行业开发规范和国际标准；进行代码内检时，要详细记录已知安全缺陷，注意识别并解决潜在的安全风险；对系统中的敏感配置文件进行加密保护，并实时监控其运行状态是否正常等。

综上所述，构建面向智能网联汽车"预测、防御、检测、修复"全生命周期的、覆盖联网"端-管-云"的协同互联云平台安全架构（如图7-6所示）；建立适应多网域、多层面的攻击检测、防御需求的主动防护信息安全模型；加强建设基于"车-车""车-云"协同的无线通信安全防护机制；根据风险程度制订不同的安全等级及相应的响应机制和恢复策略；构建面向新型电子电气架构演进的软硬件集成防护系统等，这些都是完善智能网联汽车安全保障体系的重要方向。

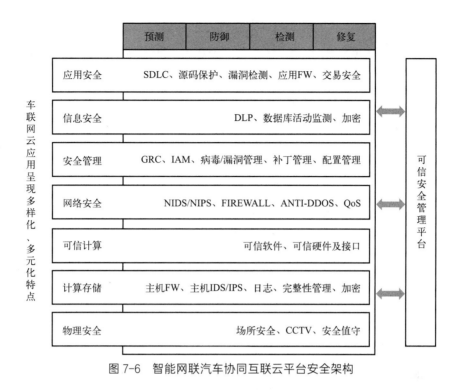

图 7-6 智能网联汽车协同互联云平台安全架构

7.3 汽车信息安全测试技术研究

7.3.1 汽车信息安全测评的意义

近年来,整个社会的信息化程度日渐加深,各行各业对数据信息的依赖性不断增强,网络和信息的安全问题已经成为全社会关注的重点问题。为了国家和社会的长治久安以及经济的稳定发展,我国在推进信息化工作的过程中需要加强信息安全评估,充分确保网络和通用信息系统的安全。就目前来看,我国的信息安全建设正处于初级阶段,在网络安全防护和信息安全防护方面还存在许多未解决的难题。

从实际操作方面来看,我国应加强对网络信息安全的重视,制定国家信息安全相关技术标准和行业信息安全相关技术标准,提高网络管理的规范化程度,并以测试和评估的方式来实现对信息系统安全状况的充分把握,以便及时找出信息系统中存在的安全隐患和漏洞,发现各项安全保护管理措施中的不足之处,并对信息系统进行有针对性的调整和优化,弥补在信息安全管理方面的缺陷,进而达到提高信息安全保护水平的目的。

智能网联汽车网络信息安全测试主要有以下几项意义：

① 保障行车安全。智能网联汽车网络信息安全测试能够及时发现车辆系统中存在的潜在风险，防止车辆在行驶过程中受到黑客的攻击或被恶意操控，进而达到提高行车的安全性的效果。

② 增强用户信心。智能网联汽车网络信息安全测试既能在用户使用智能网联汽车时为其提供方便，也能确保用户个人信息和车辆的安全，进而达到增强用户对智能网联汽车的信心的效果。

③ 保护用户隐私。智能网联汽车网络信息安全测试可以确保智能网联汽车产生的位置信息、驾驶行为数据、车辆状态数据等数据信息在传输和存储过程中的安全性，避免出现用户隐私泄露和个人信息盗用等问题。

④ 遵守法律法规。智能网联汽车网络信息安全测试是一种符合国家和地区的相关法律法规以及行业的相关要求的测试手段。

⑤ 保障供应链安全。智能网联汽车网络信息安全测试能够以网络信息安全标准来要求供应链中的所有环节，充分确保智能网联汽车系统的安全性和可靠性。

⑥ 维护企业声誉。智能网联汽车信息安全测试可以在客户和市场越来越重视智能网联汽车的网络信息安全的环境中为企业打造良好的品牌形象，进而达到维护企业声誉的效果。

在智能网联汽车信息安全防护方面，国家和汽车行业都应采取相应的措施来为信息安全保护提供支持。对国家来说，要搭建智能网联汽车安全测试平台，优化智能网联汽车自主研发体系，探索智能网联汽车及相关设备的信息安全防护方法，强化智能网联汽车的信息安全审查功能，在政策层面为智能网联汽车的信息安全防护提供强有力的支持。

对汽车行业来说，要研发针对汽车系统和设备的智能网联信息安全测评工具，以便对智能网联汽车的信息安全进行测试和评估，并积极响应和配合政府相关部门的安全审查工作，同时也要搭建和完善信息安全测试平台，并针对操作系统、关键零部件、通信环境、信息服务系统等方面对智能网联汽车进行检查，以便找出其中的不足之处并进行优化。

7.3.2 汽车信息安全测评的内容

从逻辑架构上来看，智能网联汽车测评对象大致可分为感知信源层、网络传输层和应用服务层三部分，如图 7-7 所示。

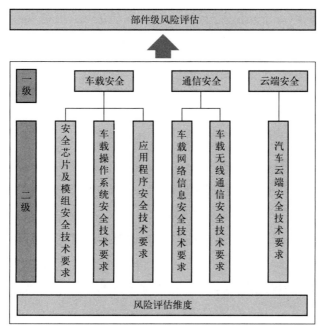

图 7-7　智能网联汽车部件级风险评估方法架构图

- 首先，汽车行业要精准掌握智能网联汽车各个相关产品和模块的测评需求，并借助信息安全共性技术等手段对各个产品和模块的安全性进行分析、检测、渗透、扫描和评估。

- 其次，汽车行业要为智能网联汽车相关产品营造良好的安全威胁模型分析环境，并在此基础上通过分析来了解车辆及其各个关键零部件当中存在的不足之处，如图 7-7 所示。

- 再次，汽车行业应进一步优化智能网联汽车相关产品的安全测试环境，并通过对产品的检测、挖掘和验证来确定产品的脆弱性程度和具体缺陷。

- 最后，汽车行业还要对产品的整个生命周期中的所有阶段以及经过验证的安全问题进行评估，并根据产品评估结果将信息系统划分为不同的安全等级。

汽车行业若要加快推进智能网联汽车信息安全的测试与评价工作，就必须充分发挥安全分析技术、检测技术和评估技术的作用，打造针对模型、硬件和实物平台的测评环境。在感知信源层，要加强对传感器、泛在通信终端、寻址可信标识等设备的安全性测评；在网络传输层，要利用车用无线通信技术（vehicle to everything，V2X）来为智能网联汽车与外界的信息交流提供技术方面的支持，并确保信息交流的安全性；在应用服务层，要搭建具有信息服务功能的云平台，并大力推动下游车联网服务产业快速发展。

（1）智能网联汽车感知信源层测试

感知信源层主要包括各种类型的传感器，能够采集智能网联汽车相关信息并感知车辆周围环境，帮助车辆实现车载通信、车间通信和车云通信功能，与此同时，智能网联汽车还具有较强的感应能力、控制能力和执行能力，能够高效完成寻址和网络可信标识等任务。智能网联汽车感知信源层信息安全测试的重点是对组成感知信源层的各个电子单元的测试，除此之外，代码审计、固件漏洞、接口、存储安全性等也是测试和评估的重要内容。

代码审计能够利用静态监测技术和动态监测技术检查出程序源代码中存在的安全隐患，是信息安全测评的重要组成部分，具体来说，静态监测技术能够通过对电子控制单元的源代码或二进制格式的扫描来实现对程序特征的精准分析，进而发现程序源代码中的安全漏洞；动态检测技术能够找出电子控制单元程序的实际运行情况与预期运行情况之间的差距，并通过分析的方式来明确程序的运行效率和鲁棒性。

（2）网络传输层测试

智能网联汽车的网络传输层具有实时性、可服务性和网络泛在性的特点，能够为车辆与外界的信息交流提供强有力的支持。智能网联汽车中装配了智能化的车路协同互联互通系统，该系统融合了车载 CAN 网络、V2X 无线通信网络和长期演进（long term evolution，LTE）蜂窝网络，能够在网络层面为车辆与外界的信息交流提供支持。

通信网络协议的安全性是网络传输层测试的重点内容，而鲁棒性是当前影响通信网络协议的安全性的关键因素。安全性较高的通信网络协议能够在确保不出现漏洞、故障性失效等问题的同时有效处理或拒绝畸形的协议数据单元（protocol data unit，PDU），同时智能网联汽车还可以通过车辆通信协议随机测试、变异语法注入测试方法、错误注入方法、车辆协议漏洞测试等方式对网络传输层中的通信协议进行信息安全测试、传输保密性测试、边界安全性评估和设备标识等操作，充分确保通信网络协议的安全性。

（3）应用服务层测试

智能网联汽车应用服务层的信息安全测试的重点是对车辆的信息服务系统的综合评估，具体包括汽车信息服务终端的通信认证、数据传输安全、身份鉴别、安全审计等内容。信息服务系统具有数据聚合、计算、调度、监视、应用程序管理等多个方面的相关功能，能够测试 T-Box 的安全性以及内容服务提供者（telematics service provider，TSP）的安全性，发现应用服务层在服务接口、终端应用、服务器等方面存在的安全隐患，并实现对手机应用和车辆操作系统等多种相关应用的测评。

不仅如此，智能网联汽车的车载操作系统还具有抽象性强的特点，智能网联汽车可以通过提高操作系统的机密性、完整性、可用性和抵抗性的方式来确保应用服务层的安全性，并以抽象的方式表现安全需求和安全策略，以便进一步明确并充分发挥出安全机制的作用，为整个操作系统的安全提供保障。

从测试内容上看，操作系统的安全监测主要包括访问控制权限测试、身份鉴别测试、数据保护、管理权限验证等内容。但从测试环节上看，操作系统的安全监测主要包括形式化分析、渗透性测试、安全功能测试和安全漏洞扫描等环节，具体来说，智能网联汽车要先从车载操作系统的安全需求出发对安全策略进行全面分析，并在此基础上构建科学合理的安全模型，再充分发挥安全机制的作用，为实现操作系统的各项安全需求展开安全功能检测，最后再完成车载操作系统的风险评估工作。

7.3.3 汽车信息安全测评的实施

从实际操作流程上来看，智能网联汽车网络信息安全测评主要包含以下几个环节：

① 确定测试目标和测试范围。测评实施人员应先找出需要进行测试的汽车系统、车型、功能，并划定在组件、通信协议和数据传输等方面的具体测试范围。

② 制定测试计划。测评实施人员应针对具体的测试目标和测试范围，设计包含具体内容、测试方法、测试工具、测试时间表等各项相关内容的测试计划。

③ 评估安全风险。测评实施人员应评估车辆系统中的各项安全风险，并根据评估结果确定测试重点和测试顺序，以便提高测试的针对性并及时对各项安全隐患进行处理。

④ 设计测试方案。测评实施人员应设计以测试计划为基础的详细的测试方案，并确保该方案包含测试用例、测试脚本、测试环境搭建等所有相关内容，能够达到测试目标和测试要求。

⑤ 执行测试方案。测评实施人员应以测试方案为参考完成实际测试、模拟黑客攻击、评估网络通信安全等各项具体的测试工作，并对测试结果、测试中发现的问题和解决方案等进行详细记录。

⑥ 修复安全漏洞。车辆系统的开发团队应及时针对在执行测试方案过程中得

出的测试结果进行漏洞修复。

⑦ 分析和评估测试结果。测评实施人员应通过分析和评估分析结果的方式找出优化测试的方法，并在此基础上确保车辆的网络信息安全。

⑧ 安全意识培训和教育。相关工作人员需要开展面向用户和从业人员的网络信息安全培训和教育活动，增强用户和从业人员的网络安全意识，以便用户和从业人员自主防范各项网络安全风险。

⑨ 定期重复测试。测评实施人员应定期对车辆系统进行信息安全测试，对网络安全问题进行持续防范。

⑩ 风险管理和持续改进。相关工作人员应对测试时发现的安全风险进行风险管理，并有针对性地优化测试方法和测试流程，从而降低甚至消除安全风险。

由此可见，汽车网络信息安全测试能够及时找出并处理车辆系统中存在的信息安全风险，确保用户信息的和车辆行驶的安全性，也能够进一步增强智能网联汽车产业的市场竞争力，提高用户对智能网联汽车的信心，进而为智能网联汽车产业的发展提供助力，提高智能网联汽车产业的发展速度。

汽车网络信息安全测试具有保障智能网联汽车安全的作用，具体来说，该测试可以在评估和测试网络安全性的过程中找出汽车系统中存在的安全隐患，并为智能网联汽车提供行之有效的解决方案，充分确保车辆在行驶过程中的安全性。除此之外，为了有效处理各类安全隐患，汽车网络信息安全测试在落地过程中还需充分发挥各类新兴技术和工具的作用，及时适应不断变化的各类网络安全风险。

未来，汽车行业将会向智能网联汽车方向快速发展，汽车网络安全信息测试也将逐渐成为智能网联汽车发展过程中的一项重要内容，智能网联汽车行业以及相关研究人员需要不断完善和强化汽车网络信息安全测试，为智能网联汽车的用户提供强有力的行车安全保障，为智能网联汽车产业的发展提供助力。

参考文献

[1] 李克强, 戴一凡, 李升波, 等. 智能网联汽车（ICV）技术的发展现状及趋势 [J]. 汽车安全与节能学报, 2017, 8(01): 1-14.

[2] 张新钰, 高洪波, 赵建辉, 等. 基于深度学习的自动驾驶技术综述 [J]. 清华大学学报（自然科学版）, 2018, 58(04): 438-444.

[3] 王科俊, 赵彦东, 邢向磊. 深度学习在无人驾驶汽车领域应用的研究进展 [J]. 智能系统学报, 2018, 13(01): 55-69.

[4] 冉斌, 谭华春, 张健, 等. 智能网联交通技术发展现状及趋势 [J]. 汽车安全与节能学报, 2018, 9(02): 119-130.

[5] 李文博. 面向汽车智能座舱的驾驶员情绪行为影响、识别与调节方法研究 [D]. 重庆：重庆大学, 2022.

[6] 钱志鸿, 田春生, 郭银景, 等. 智能网联交通系统的关键技术与发展 [J]. 电子与信息学报, 2020, 42(01): 2-19.

[7] 郭戈, 许阳光, 徐涛, 等. 网联共享车路协同智能交通系统综述 [J]. 控制与决策, 2019, 34(11): 2375-2389.

[8] 周户星. 车联网环境下交通信息采集与处理方法研究 [D]. 长春：吉林大学, 2013.

[9] 张纪升, 李斌, 王笑京, 等. 智慧高速公路架构与发展路径设计 [J]. 公路交通科技, 2018, 35(01): 88-94.

[10] 张毅, 姚丹亚, 李力, 等. 智能车路协同系统关键技术与应用 [J]. 交通运输系统工程与信息, 2021, 21(05): 40-51.

[11] 陈山枝, 葛雨明, 时岩. 蜂窝车联网（C-V2X）技术发展、应用及展望 [J]. 电信科学, 2022, 38(01): 1-12.

[12] 严炎, 占锦文. MEC 在自动驾驶领域的应用探讨 [J]. 广东通信技术, 2020, 40(04): 29-33+71.

[13] 齐彦丽, 周一青, 刘玲, 等. 融合移动边缘计算的未来 5G 移动通信网络 [J]. 计算机研究与发展, 2018, 55(03): 478-486.

[14] 陆化普. 智能交通系统主要技术的发展 [J]. 科技导报, 2019, 37(06): 27-35.

[15] 易振国. 车路协同实验测试系统及安全控制技术研究 [D]. 长春：吉林大学, 2011.

[16] 李鹏凯, 吴伟, 杜荣华, 等. 车路协同环境下多车协同车速引导建模与仿真 [J]. 交通信息与安全, 2013, 31(02): 134-139+148.

[17] 刘爽爽, 于欣策, 邹广奕. 智能汽车执行控制技术研究 [J]. 时代汽车, 2021, (16): 18-19.

[18] 吴思凡, 段续庭, 周建山, 等. 基于深度强化学习的自动驾驶决策行为研究综述 [J]. 人工智能, 2023, (05): 78-92.

[19] 李晓华. 自动驾驶的发展现状、挑战与应对 [J]. 人民论坛, 2023, (18): 68-72.

[20] 郭晓丽 . 自动驾驶汽车感知系统关键技术分析 [J]. 专用汽车，2023, (10): 60-62.

[21] 李克强，王建强，许庆 . 智能网联汽车 [M]. 北京：清华大学出版社，2022: 18-32.

[22] 陈超，吕植勇，付姗姗，等 . 国内外车路协同系统发展现状综述 [J]. 交通信息与安全，2011, 29(01): 102-105+109.

[23] 李爱娟 . 智能车辆运动轨迹规划方法的研究 [D]. 南京：南京航空航天大学，2014.

[24] 李爱娟，李舜酩，李殿荣，等 . 智能车运动轨迹规划中的关键技术研究现状 [J]. 机械科学与技术，2013, 32(07): 1022-1026.

[25] 高健博 . 自动驾驶车辆决策控制方法研究 [D]. 重庆：重庆交通大学，2019.

[26] 金茂菁 . 我国智能交通系统技术发展现状及展望 [J]. 交通信息与安全，2012, 30(05): 1-5.

[27] 张存保，陈超，严新平 . 基于车路协同的单点信号控制优化方法和模型 [J]. 武汉理工大学学报，2012, 34(10): 74-79.

[28] 章军辉，陈大鹏，李庆 . 自动驾驶技术研究现状及发展趋势 [J]. 科学技术与工程，2020, 20(09): 3394-3403.

[29] 杨帆，云美萍，杨晓光 . 车路协同系统下多智能体微观交通流模型 [J]. 同济大学学报（自然科学版），2012, 40(08): 1189-1196.

[30] 蔡志理，孙丰瑞，韦凌翔，等 . 基于车联网技术的车路协同系统设计 [J]. 山东交通学院学报，2011, 19(04): 17-23.

[31] 邓伟文 . 电气化与智能化技术——未来汽车的驱动力 (英文)[J]. 汽车安全与节能学报，2010, 1(03): 179-189.

[32] 姚佼，杨晓光 . 车路协同环境下城市交通控制研究 [J]. 上海理工大学学报，2013, 35(04): 397-403.

[33] 刘佳熙，丁锋 . 面向未来汽车电子电气架构的域控制器平台 [J]. 中国集成电路，2019, 28(09): 82-87.

[34] 李克强，李家文，常雪阳，等 . 智能网联汽车云控系统原理及其典型应用 [J]. 汽车安全与节能学报，2020, 11(03): 261-275.

[35] 贾伟娜，申杰 . 智能网联汽车云控系统原理及其典型运用 [J]. 时代汽车，2022(19): 13-15.

[36] 曾光 . 浅谈 5G 车路协同自动驾驶技术的应用 [J]. 网络安全技术与应用，2022(02): 88-89.

[37] 王栋梁，汤利顺，陈博，等 . 智能网联汽车整车 OTA 功能设计研究 [J]. 汽车技术，2018, (10): 29-33.

[38] 高焕吉 . 汽车电子电气架构设计与优化 [J]. 汽车电器，2011, (06): 7-9.

[39] 程龙，李春芳，陈昊，等 . 面向 ADAS 应用的智能电动车横纵向耦合控制的车辆动力学系统建模 [J]. 重型汽车，2023, (02): 22-23.

[40] 李震，刘敏 . 基于 Autosar 的整车电子电气架构设计方法 [J]. 机电一体化，2012, 18(11): 73-76.

[41] 忻文 . 48V 汽车电子电气系统架构的未来 [J]. 汽车与配件，2014, (20): 28-30.

[42] 余卓平，史彪飞，熊璐，等 . 基于分布式驱动电动汽车的再生制动策略设计及优化 [J]. 同济大学学报（自然科学版），2020, 48(11): 1620-1628.

[43] 冯香枝，胡朝峰，张海涛 . 基于 PREEvision 的汽车电子电气架构设计 [J]. 汽车电器，2013, (10): 43-46.

[44] 华一丁，龚进峰，戎辉，等 . 基于模型的智能汽车电子电气架构发展综述 [J]. 汽车零部件，2019, (02): 63-66.

[45] 邓戡 . 智能网联汽车电子电气架构设计与试验研究 [D]. 长春：吉林大学，2020.

[46] 邹渊，孙文景，张旭东，等 . 智能网联汽车多域电子电气架构技术发展研究 [J]. 汽车工程，2023, 45(06): 895-909.

[47] 贾文伟，徐匡一，王海波，等 . 智能汽车电子架构分析与研究 [J]. 时代汽车，2020, (04): 43-46.

[48] 贾承前 . 汽车电子电气架构开发 [J]. 汽车电器，2011, (12): 4-6.

[49] 华一丁，龚进峰，戎辉，等 . 国外智能汽车电子电气架构综述及分析 [J]. 汽车电器，2018, (12):6-13.

[50] 贾晓峰 . 电动汽车底盘多目标集成控制研究 [D]. 长春：吉林大学，2016.

[51] 张晓聪 . 汽车智能座舱发展现状及未来趋势 [J]. 汽车纵横，2019, (08): 42-45.

[52] 王镭，庞有俊，王亚芳 . 智能座舱 HMI 人机交互界面体验及未来趋势浅析 [J]. 时代汽车，2021, (03): 15-17+20.

[53] 程增木，杨胜兵 . 智能网联汽车技术原理与应用 [M]. 北京：机械工业出版社，2022: 52-66.

[54] 刘毅刚 . 智能座舱趋势研究 [J]. 广东化工，2019, 46(08): 120-122.

[55] 郁淑聪，孟健，张渤 . 浅谈汽车智能座舱发展现状及未来趋势 [J]. 时代汽车，2021, (05): 10-11.

[56] 冯远洋，孙锐，王洪艳，等 . 汽车智能座舱发展现状及未来趋势 [J]. 汽车实用技术，2021, 46(17): 201-206.

[57] 周满满 . 智能座舱技术对汽车产业链组织结构的影响 [J]. 汽车与配件，2020, (03): 49-51.

[58] 王韬 . 汽车智能座舱设计现状及发展趋势研究 [J]. 时代汽车，2021, (23): 158-159.

[59] 马宁，王亚辉 . 智能汽车座舱人机交互任务复杂度分析方法 [J]. 图学学报，2022, 43(02): 356-360.

[60] 王亚辉 . 智能汽车座舱人机交互认知机制与评价方法研究 [D]. 西安：西北工业大学，2019.

[61] 杜曾宇，黄晓延，蒙锦珊 . 智能座舱的关键技术 [J]. 时代汽车，2021, (05): 143-144.

[62] 刘涵昱，时瑞浩，蒋建辉 . 5G 通信时代汽车智能座舱发展趋势探讨 [J]. 广东交通职业技术学院学报，2021, 20(01): 33-37.

[63] 杜莎 . "软件定义汽车"成为未来趋势，引领行业变革 [J]. 汽车与配件，2020, (15): 46-49.

[64] 杨虎 . 基于计算机互联网信息安全的防御技术要点研究 [J]. 信息与电脑（理论版），2021,

33(04): 214-216.

[65] 宋昊辰，杨林，徐华伟，等．智能网联汽车信息安全综述 [J]. 信息安全与通信保密，2020，(07): 106-114.

[66] 周建华，侯英哲，吕臣臣，等．智能网联汽车安全防护技术研究综述 [J]. 武汉大学学报（理学版），2023, 69(05): 617-635.

[67] 孙潇鹏，郭海龙，肖心远，等．智能网联汽车信息安全标准研究综述 [J]. 广东交通职业技术学院学报，2023, 22(01): 44-47+71.

[68] 常广建，王钰博，王喜仁．大数据时代信息安全防御技术现状及发展趋势研究 [J]. 数码世界，2018, (07): 265-266.

[69] 吕静贤．云环境下公共计算机机房信息安全防御技术 [J]. 电子技术与软件工程，2020, (22): 255-256.

[70] 郝晶晶，韩光省．智能网联汽车信息安全威胁识别和防护方法研究 [J]. 现代电子技术，2021, 44(23): 62-66.

[71] 徐国文．"互联网＋"环境下信息安全防御技术研究与设计 [J]. 数字技术与应用，2018, 36(12): 172-173.

[72] 刘家驹．大数据时代信息安全防御技术现状及发展探究 [J]. 信息与电脑（理论版），2023, 35(11): 245-247.

[73] 秦晓宇．基于人工智能技术的企业信息安全防御研究 [J]. 信息与电脑（理论版），2023, 35(15): 218-220.